SCHULE UND FORSCHUNG

Eine Schriftenreihe für Studium und Praxis

HEFT 21

Code oral und code écrit im Französischunterricht

ECKHARD RATTUNDE

VERLAG MORITZ DIESTERWEG
Frankfurt am Main · Berlin · München

ISBN 3-425-04221-1

1. Auflage 1973

© 1973 Verlag Moritz Diesterweg, Frankfurt am Main.
Alle Rechte vorbehalten. Die Vervielfältigung auch einzelner Teile, Texte oder Bilder — mit Ausnahme der in §§ 53, 54 UrhG ausdrücklich genannten Sonderfälle — gestattet das Urheberrecht nur, wenn sie mit dem Verlag vorher vereinbart wurde.

Satz und Druck: Druckerei Hugo Haßmüller, Frankfurt / Nieder Eschbach
Binden: Großbuchbinderei Hiort, Wiesbaden

INHALTSVERZEICHNIS

EINLEITUNG 5
  I. LE FUTUR SIMPLE 9
    1. Die Ableitung nach dem code oral 9
    2. Die Darstellung im Lehrwerk 18

  II. FUTUR SIMPLE — FUTUR PROCHE / FUTUR COMPOSE   27
    1. Die Verwendung von *aller* + *Infinitiv* im *code oral* 27
    2. Die Darstellung in Lehrwerken 30
    3. Die Einführung der Zeitformen 35
    4. Stundenmodell 40

  III. MARKIERUNGSSTRUKTUREN IM SATZ 46
    1. Genusmarkierung beim Adjektiv 47
    2. Pluralmarkierung 52

BIBLIOGRAPHIE (Auswahl) 60

EINLEITUNG

Bei allen bestehenden Unterschieden in der Akzentuierung der linguistischen Forschung erscheint ein Gedanke als das generell anerkannte und akzeptierte Grundprinzip: wird Sprache primär verstanden als die Fähigkeit des Menschen, sich mit Hilfe eines Zeichensystems zu verständigen, und wird die so sich vollziehende sprachliche Kommunikation als die akustische Übermittlung (*encodage — décodage*) einer Nachricht zwischen Sprecher und Hörer analysiert [1]), so ergibt sich aus diesen Prämissen, daß Sprache immer zuerst als mündliches System gegeben ist. Diese Erkenntnis von der *priorité du système oral* ließe sich für den Bereich der französischen Sprache zahlreich belegen; greifen wir nur zwei Stellungnahmen heraus. A. Martinet sagt: «*Il faut surtout mettre sur deux plans différents et étudier comme des réalités distinctes la forme parlée de la langue, primaire et universelle, et la forme écrite . . .* [2]) und M. de Grève/F. van Passel bezeichnen als *la découverte capitale de la science linguistique: la constatation que l'élément primaire et créateur de la langue réside dans sa forme articulée.* [3])
In bezug auf die französische Sprache, deren *code oral* so weitgehende Unterschiede zum *code écrit* aufweist [4]), geht es also für denjenigen, der sich mit dieser Sprache befaßt, um zweierlei: dieser Gegensatz der beiden Systeme muß angenommen und *le vrai fonctionnement, le visage véritable de la langue* als im *code oral* gegeben erkannt werden [5]).

---

1) Vgl. hierzu z. B.: P. Guiraud, *Langage et théorie de la communication* (in: A. Martinet, Hrsg., *Langage*, Encyclopédie de la Pleiade, pp. 145—146); oder: J. Peytard/E. Genouvrier, *Linguistique et enseignement du français*, Paris 1970 (vor allem das Kapitel *Langage et communication*).
2) A. Martinet, *Le Français sans fard*, Paris 1969, p. 7.
3) M. de Grève/F. van Passel, *Linguistique et enseignement des langues étrangères*, Paris 1968, p. 150. Vgl. ebenso die Äußerung von A. Rigault: *. . . dans une langue donnée, la forme vocale, parlée, est primaire et la forme écrite secondaire* (in: *Le Français dans le Monde = LFM* 57/1968, p. 6).
4) Auf die historisch bedingten Gründe für diesen eklatanten Unterschied zwischen einem ständig sich weiterentwickelnden oralen System und einer traditionellen Orthographie kann hier nicht eingegangen werden. Zum Gegensatz *code oral — code écrit* vgl. vor allem: A. Sauvageot, *Français écrit, français parlé*, Paris 1962; und dto., *Analyse du français parlé*, Hachette 1972 (Coll. F).

Wenn diese Opposition *code oral* — *code écrit* polemisch — im Sinne Raymond Queneaus — auch nicht zu der Behauptung gesteigert werden sollte, daß die französische Sprache (in ihrer an Schulen gelernten und von der *Académie Française* überwachten Form) heute als *langue morte, riche comme une langue morte* zu bezeichnen sei, der sich das *français parlé vivant* als eine neue Sprache, ein *néo-français*, entgegenstelle [6]), so bleibt doch folgende Erkenntnis auch für den Unterricht relevant: es handelt sich um zwei in ihrer Struktur unterschiedliche Kommunikationssysteme ein und derselben Sprache; beide müssen im Unterricht zu ihrem Recht kommen.

Nun hat die zuvor genannte und eigentlich überall anerkannte These vom Primat des Mündlichen sicher bereits Eingang in die Unterrichtspraxis gefunden; die einsprachige, vom Lektionstext gelöste Wortvermittlung und die mündlichen Strukturübungen im Klassenraum und im Sprachlabor belegen dies. In einer Zeit, in der mit den traditionellen und immer noch gültigen schriftlichen Informationsträgern (Presse, Buch, Brief) die im *code oral* verankerten Medien (Telefon, Rundfunk, Fernsehen) immer mehr konkurrieren, muß für den Unterricht in einer Fremdsprache als Lernziel immer stärker in den Vordergrund treten, den Schüler für diese mündliche Kommunikation auszubilden.

Da jedoch der Französischunterricht bereits durch den späten Lernbeginn an unseren Schulen in der Regel die linguistische Erkenntnis von der Opposition *code oral* — *code écrit* kaum radikal in ein zeitliches Nacheinander getrennter Lernphasen methodisch aufgliedern kann, stellt sich dem Unterrichtenden die entscheidende Frage: Wie kann in einem Unter-

---

5) Madeleine Csécsy, *Les marques orales du nombre*, in: *LFM* 57/1968, p. 48. Wenn wir in dieser Untersuchung den Begriff *code oral* für das mündliche Sprachsystem verwenden, so ist damit nicht gemeint, daß die *langue parlée* in allen Punkten als Kodesystem definiert werden kann; vielmehr gelten die Einschränkungen, die P. Guiraud (op. cit. p. 158 ss.) in bezug auf die Eindeutigkeit sprachlicher Konventionen als Ergebnis unterschiedlicher subjektiver Erlebnisbereiche formuliert hat (vgl. ebenso: Peytard/Genouvrier, op. cit. p. 15 ss.). Die Forderung von A. Martinet, zwischen *langue parlée* einerseits und *code écrit* andererseits zu unterscheiden, besteht also zu recht (vgl. A. Martinet, *Langue parlée et code écrit*, in: Jeanne Martinet, *De la théorie linguistique à l'enseignement de la langue*, Paris 1972, pp. 77-87). Die Begriffsopposition *code oral* — *code écrit* wird von uns daher vor allem eingeführt, um darauf zu verweisen, daß die didaktische Analyse sprachlicher Lehrinhalte unter dem Blickwinkel der Sprecher-Hörer-Relation erfolgen sollte.

6) R. Queneau, *bâtons, chiffres et lettres*, Paris 1965 (Coll. *Idées* 70), p. 65 ss. (Zitate p. 74).

richt, der zwar in der Vermittlung vom Mündlichen ausgeht, das Schriftbild jedoch nicht auf längere Zeit zurückstellen will, der Opposition *oral — écrit* dennoch Rechnung getragen werden.

Zugleich besteht ein zweites Problem. Wenn *code oral* und *code écrit* als gleichwertige und kontrastierende Systeme des Französischen von Beginn an berücksichtigt werden sollen, muß auch der Gebrauch der phonetischen Umschrift erneut diskutiert werden; und zwar nicht nur als Hilfsmittel in einem eventuell vorangestellten Lautkurs zur besseren Ausspracheerlernung, sondern als konstituierendes Element der Grammatik zur Notierung einer dem Schriftbild ständig gegenüberstehenden oralen Morphologie.

Nun liegt das Problem hier sicher nicht in der Erlernung der phonetischen bzw. phonologischen Zeichen; sondern vielmehr in der Art ihrer Anwendung. Es wäre sicher eine Überforderung der Schüler und zugleich eine verfehlte Stoffanhäufung, würde man hier ins Extrem verfallen und die phonetische Umschrift als einen zweiten *code écrit* lehren. Die Zielvorstellung J. P. Vinays: *les élèves peuvent prendre des notes, faire des dictées, des exercices de grammaire et lire des manuels spécialement rédigés à cet effet* ist daher als Deformierung des realen Verhältnisses von *code oral* und *code écrit* zu verwerfen [7]. Die Umschrift soll andererseits auch nicht erst auf höheren Klassen bei der Behandlung grammatischer Kapitel von Bedeutung sein. J. Peytard/E. Genouvrier haben darauf hingewiesen, daß gerade für Anfänger wesentliche Hilfen von einer Gegenüberstellung *code oral — code écrit* zu erwarten sind und den negativen Einflüssen einer notierten Aussprache etwa auf die Orthographie dadurch zu begegnen sei, daß die Umschrift an der Tafel stets klar abgetrennt wird (etwa durch Klammern) [8]. Doch sollte diese Feststellung nicht dazu führen, daß der Unterrichtende (für den Schüler geht es um ein passives Wissen) stets die ganze Aussage phonetisch bzw. phonologisch notiert. Es genügt, die für den *code oral* entscheidende Markierung hervorzuheben. Ein Beispiel:

le chien arrive — les chiens arrivent
/lə/ /le/

Die zur mündlichen Kommunikation unerläßliche Pluralmarkierung im Artikel wird so vom Schüler visuell isoliert und besser behalten; zugleich wird er von der für dieses Problem sekundären ganzen Transkription entlastet.

---

[7] Jean-Paul Vinay, *Enseignement et apprentissage d'une langue seconde*, in: A. Martinet (Hrsg.), *Langage*, Ed. de la Pleiade, pp. 716—717.
[8] J. Peytard/E. Genouvrier, op. cit. p. 47 ss.

Nun wird man solche Verweise auf die Markierung des *code oral* in einzelnen Fällen (und hier gerade für die Pluralbildung) in Schulgrammatiken finden; aber eben nur als vereinzelte Hinweise, die einer primären Beschreibung und Aufgliederung der Formen nach dem *code écrit* folgen, zudem meist in kleinerer Drucktype und somit optisch wenig hervorstehend. Meist stellt man fest, daß der Erkenntnis von der Opposition *code oral* — *code écrit* allein in solchen zusätzlichen Bemerkungen Rechnung getragen werden soll, ohne daß die gesamte Konzeption der grammatischen Darbietung entscheidend verändert wird. Historische, auf den *code écrit* bezogene Erläuterungen zu Sprachformen vermischen sich mit Feststellungen aus der synchronischen, auf den *code oral* bezogenen Ebene. Daß eine solche Vermischung der Perspektiven und die dadurch bedingte Uneinheitlichkeit der Darstellung oft in der linguistischen Analyse selbst vorliegen und vor allem die Aufbereitung des Stoffes in Lehrbüchern kennzeichnen, soll zunächst am Beispiel des *futur simple* im folgenden dargelegt werden.

I. FUTUR SIMPLE

1. Die Ableitung nach dem code oral

In ihrer Untersuchung zum System der Verbalformen im *code oral* hat Madeleine Csécsy auch eine Analyse des *futur simple* vorgelegt [9]. Sie geht aus von der Feststellung, daß der *explorateur à l'oreille* drei Verbalformen für das Futur unterscheiden kann:
/re/ — /ra/ — /rõ/
/parlre/ — /parlra/ — /parlrõ/

Jede dieser Verbalformen kann zwei Personalpronomen als den jeweiligen *préfixes personnels* zugeordnet werden, um die genaue Markierung der Person zu ermöglichen:

je   tu   nous
     /parlre/   /parlra/   /parlrõ/
vous   il   ils

In bezug auf die Bildung des Futurs ergibt sich damit folgende Formel: *les suffixes du futur se joignent au thème, c'est-à-dire à la forme trouvée au singulier du présent* [10].
/ʃãt/ — /ʃãtra/
/ri/ — /rira/

Diese Ableitungsformel (Futur = Sing. Präs. + /ra/) wird dann für folgende Verbgruppen als gültig erkannt [11]:
1. *tous les verbes à un seul thème* (d. h. fast alle Verben auf -er)
2. *les verbes à alternance régulière* /i/ — /is/ (d. h. die Verben auf -ir mit regelmäßiger Stammerweiterung)
3. *une bonne partie des verbes à alternance consonantique imprévisible* (hier vor allem: *écrire, lire, dire, rire, conduire, construire, courir, croire, boire*)

Auch für die folgende Gruppe der Verben folgt M. Csécsy zunächst demselben Prinzip der Analyse:

Présent:	Futur:
/tjẽ/ — /tjɛn/	/tjẽdra/
/vjẽ/ — /vjɛn/	/vjẽdra/
/ãtã/ — /ãtãd/	/ãtãdra/
/vã/ — /vãd/	/vãdra/

---

[9] Madeleine Csécsy, *De la linguistique à la pédagogie, le verbe français*, Paris 1968 (Coll. *Le Français dans le monde*), pp. 94 ss.
[10] id. p. 97.
[11] id. p. 98.

erste Gruppe (*tenir, venir* etc.) heißt der Kommentar dann: *on rrait dire que, pour ces quelques verbes, la formule est: Sing. Prés. (c'est-à-dire: thème court)* + /dre/ — /dra/ — /drō/ [12]).
Unterstreicht Csécsy hier nur die Möglichkeit einer solchen Analyse, so ist ihre Aussage für die zweite Teilgruppe (*entendre, vendre* etc.) wieder eindeutiger; hier liege die Formel vor: *Pluriel Prés. (thème long)* + /re/ — /ra/ — /rō/. Für die Gruppe der Verben *dormir, servir, partir* wird im folgenden jedoch erneut auf den Infinitiv als Basis der Futurbildung verwiesen, und dieser Ableitung werden dann auch die zuvor (zwar unter Zögern: *on pourrait*...) im Blick auf den Präsensstamm analysierten Verben der Gruppe auf -ir (mit Stammerweiterung) und auf -re (*entendre, vendre*) zugeordnet, da dies der Verfasserin nun *plus rentable* und *plus commode* erscheint [13]).
Zusammenfassend stellt M. Csécsy zwei Prinzipien der Futurbildung heraus (ausgenommen sind nur die Futursonderformen: *ira, fera* etc.) [14]):
1. *les suffixes /re/ — /ra/ — /rō/ s'ajoutent à la forme trouvée au singulier du présent.*
2. *ils se greffent sur l'infinitif.*
In den *Remarques pédagogiques* will M. Csécsy ihre Ausführungen als Kritik an der traditionellen Formel (Futur = Infinitiv + *ai, as, a* etc.) verstanden wissen, die allein vom *code écrit* ausgehe und auf der Erkenntnis der historischen Grammatik (*partiri habeo* — *partiraio — *partirai*) basiere [15]). Dennoch kommt sie selbst auf den Infinitiv zurück, muß jedoch — da sie vom Suffix /re/ ausging — nun zu wenig befriedigenden Aussagen greifen, um zu erklären, wie zum Beispiel an den Infinitiv /partir/ das Suffix /re/ anzuhängen sei: *La consonne /r/ caractéristique du Futur semble s'identifier à la consonne finale audible de l'infinitif* (p. 100); oder einige Seiten später: *Les suffixes ne s'ajoutent pas à l'infinitif, mais seulement se greffent sur celui-ci..., le /r/ final audible de l'infinitif se transformant, en quelques sortes, en marque du Futur* (p. 108). Die Ausdrücke *semble s'identifier / se transformer en quelques sortes* verweisen auf eine Unsicherheit der Analyse, die die Verfasserin selbst als Vorbehalt thematisiert; in bezug auf die Verben mit Stammerweiterung /i/ — /is/ heißt es: *Mais la coupure syllabique plaide, répétons-le, en faveur de l'analyse d'après le présent (finira)* [16]).

---

12) id. p. 99.
13) id. p. 99—102.
14) id. p. 102.
15) id. p. 104 und p. 109.
16) id. p. 108.

In einer graphischen Darstellung (p. 102) verdeutlicht die Verfasserin am Ende des Kapitels ihre Ergebnisse. Gerade hier wird sichtbar, daß die Analyse zwar zu Beginn aus der Sicht des *code oral* die Futurform vom Präsens ableitet, am Ende jedoch zurückfällt in eine Erklärung, die traditionelle Elemente aufnimmt:

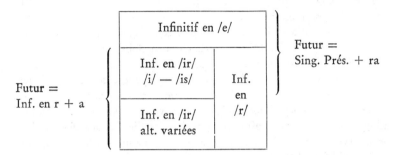

Die linke Formel: Futur = Inf. en r + a, die für mehr als die Hälfte der Verben gelten soll, entspricht genau derjenigen, die die Verfasserin als am *code écrit* orientiert zuvor ablehnte (p. 104).
Wenn somit die Analyse von M. Csécsy selbst bei grundlegend anderem Ansatz am Ende jene traditionelle Futurbildung zurückholt [17]), so mag als Grund hierfür angesehen werden, daß die Verfasserin ihre Untersuchung selbst *à visée plus pédagogique que scientifique* (p. 103) verstanden wissen will; auch die Begründung *plus commode* (p. 102) mag sich so erklären. Es ist jedoch zu fragen, ob ein pädagogisches Anliegen die Uneinheitlichkeit der Darstellung rechtfertigen kann; ob nicht vielmehr eine konsequente und in ihren Prinzipien kohärente Analyse auch der Unterrichtspraxis weiterhelfen würde. Denn für die Untersuchung der Verbalformen des Futurs ist es entscheidender (und M. Csécsy tut dies zu Beginn auch), von der im *code oral* gegebenen Relation Sprecher-Hörer auszugehen; die Markierung des Futurs wird dann unzweideutig durch die Endungen /re/ — /ra/ — /rõ/ vollzogen. Ein weiterer Gesichtspunkt kommt hinzu: im System der Zeiten wird das Futur für den Sprecher/Hörer in Opposition stehen zum Präsens (Opposition: gegenwärtig gesetzte Handlung — erwartete Handlung) und nicht zum Infinitiv, der im Zeitensystem keinen Platz hat, sondern als «Nichtaktualisierung des Vorgangs» [18]) außerhalb des Systems zu sehen ist.

---

[17]) Selbst die Tatsache, daß die Verfasserin betont: *le suffixe ne s'ajoute pas, il se greffe sur l'infinitif* (p. 102) ändert nichts an der dann von ihr präsentierten Formel.
[18]) Den Begriff übernehmen wir von P. Wunderli (in: *ZfSL* 80/1970, p. 154 ss).

Jean Dubois hat im zweiten Band seiner *Grammaire structurale du français* darauf aufmerksam gemacht, daß das Präsens im System der Zeiten in doppelter Opposition zum Imperfekt (*opposition: cas non marqué et cas marqué en /ε/; ex.: il mange — il mangeait*) und zum Futur stehe (*opposition: cas non marqué et cas marqué en /ra/; ex.: il mange — il mangera, /mãʒ/ — /mãʒra/*) [19]). Zugleich wendet er sich gegen eine Zugehörigkeit des Infinitivs zum *paradigme de la conjugaison* und betont, daß der Infinitiv als nicht verbale Form auf Grund der ihm im Syntagma übertragenen Funktionen vielmehr den Substantiven zugeordnet werden muß, ebenso wie die Partizipien als Adjektive zu sehen sind [20]). Es sollte also eine Analyse der Futurbildung nur aus den Oppositionen *code oral — code écrit* und *présent — futur* versucht werden. Erst dann scheint es möglich, jene Unstimmigkeiten zu vermeiden, die in der Untersuchung von M. Csécsy auftraten. Dabei sollte die Gruppe der Sonderformen (vom Lernenden stets als Ausnahmen nur ungern hingenommen) möglichst klein gehalten werden. Auch hier ist M. Csécsy zu korrigieren; sie reiht auch die Verben: *tenir, venir* etc. in die Sonderformen ein (p. 101).

Greifen wir noch einmal den Fall *courir* heraus. Obwohl die Verfasserin feststellt (p. 101): *Le verbe forme bien son futur à partir du thème court*, erscheint *courir* dann in der Liste der Verben mit Futur-Sonderform. Einige Seiten später (p. 107) jedoch wird erneut auf den Vorteil einer Ableitung vom Präsens hingewiesen: *Notons que cette présentation permet de faire apparaître comme régulière la forme «courra» sans recourir à la fiction d'une forme *courira dérivée de l'infinitif, et qui aurait perdu la voyelle coincée entre les deux r.*

Geht aber die Verfasserin nicht ebenso von einer fiktiven Zwischenform aus, wenn (nach ihrer Aufstellung) für das Verb *entendre* das Futur vom Infinitiv abzuleiten ist:

/ātādrə/ — */ātādrəra/ — /ātādra/,

obwohl zuvor (p. 99) die Ableitung vom *thème long* erkannt wurde: /ātād/ — /ātādra/. Die Feststellung: *le suffixe se greffe sur l'infinitif* verschleiert hier nur die Annahme einer solchen Zwischenform.

Auch A. Martinet ist in seinem Aufsatz *De l'économie des formes du verbe en français parlé* auf die Bildung des Futurs eingegangen. Die dort

---

[19]) Jean Dubois, *Grammaire structurale du français, le verbe*, Paris 1968, pp. 180—181. Auch für A. Barrera-Vidal (*Observations sur le système des formes verbales personnelles dans la phrase simple*, in: Praxis 1970, 251 bis 270; hier: p. 262 s.) steht das Futur in Opposition zum Präsens; ebenso gilt für ihn die zweite Opposition zwischen *il chante — il a chanté*.

[20]) id. pp. 15—16; vgl. auch p. 56.

verstreut aufzufindenden Bemerkungen zum *futur simple* ergeben folgendes Bild [21]):
Auch für Martinet ist die Futurendung /ra/ und nicht nur /a/. Da Martinet jedoch von einer Infinitivendung (*donner* — /e/, *finir* — /r/, *mentir* — /r/) ausgeht und dann von *des thèmes identiques pour le futur et pour l'infinitif* spricht [22]), könnte man annehmen, er gehe von einem Infinitivstamm als Basis der Futurbildung aus, obwohl dies nicht ausdrücklich formuliert wird. Einige Sätze später hebt Martinet die Präsensformen als Basis hervor, wenn er für die Verben mit /r/ als Infinitivendung drei Gruppen analysiert [23]):

1. *Les verbes qui emploient devant les désinences en /r/ le thème plein (ex.: /ilba/ — /ilbat/ — /ilbatra/).*
2. *Les verbes qui emploient devant les désinences en /r/ le thème écourté (ex.: /ilekri/ — /ilzekriv/ — /ilekrira/).*
3. *Les verbes qui utilisent devant les désinences en /r/ un thème particulier qu'on forme en ajoutant /i/ au thème plein (ex.: /ildɔr/ — /ildɔrm/ — /ildɔrmira/).*

Wenn Martinet zuvor von dem für Infinitiv und Futur gleichen *thème* sprach, so ließe sich /dɔrmira/ doch ebenso leicht vom *thème*: /dɔrmi/ ableiten; die dritte Gruppe wäre dann unnötig.
Abgesehen von der auch hier wieder vorliegenden Unstimmigkeit in der Darstellung der Futurbildung, erscheint uns jedoch — vom Sprecher/ Hörer aus gesehen — die Feststellung zur dritten Gruppe richtig; nur handelt es sich nicht um ein *thème particulier*, sondern um *le thème plein* + /ira/, wobei /i/ als Zwischenvokal anzusehen ist. So ist es möglich, die Verben: *partir, servir* etc. ebenso von einer Präsensform abzuleiten, ohne (wie M. Csécsy es tut) hier auf den Infinitiv zurückzugehen; der Infinitiv als Basis mag sich vom *code écrit* her rechtfertigen lassen, im Bewußtsein des Sprechers ist aus der Opposition Präsens — Futur her gesehen als Basis die Präsensform zu setzen.
Wie hartnäckig sich traditionelle Ableitungsformeln halten, mag noch ein Blick in die *Grammaire transformationnelle du français* von Maurice Gross zeigen. Obwohl der Verfasser zu Beginn des Abschnittes *Les Temps* betont, nicht die *phénomènes morphologiques* seien eigentlich

---

21) in: A. Martinet, *Le Français sans fard*, Paris 1968, chapitre IV (pp. 91 bis 120); diese Studie stammt jedoch aus dem Jahre 1958 und wurde bereits in dem Band *Studia philologica et litteraria in honorem Léo Spitzer* (Bern 1958) veröffentlicht.
22) A. Martinet, *Le Français sans fard*, p. 99.
23) id. p. 105.

Gegenstand seiner Untersuchung, sondern vielmehr die *propriétés syntaxiques*, unterläßt er es nicht, für das Futur lapidar festzustellen: *ce temps est construit sur la forme infinitive des verbes*[24]). Die dann zitierten Beispiele:

    mange(r) (ai, as, a ...)
    fini(r) (ai, as, a)
    croi(r) (ai, as, a)

bleiben dagegen in ihrer graphischen Aufgliederung überraschend ambivalent und könnten auch eine Ableitung vom Präsensstamm verdeutlichen.

Im Gegensatz zu M. Gross findet sich in der *Grammaire structurale du français* von Jean Dubois eine Darstellung der Verbalformen, die grundsätzlich von der Opposition *code oral — code écrit* ausgeht. Zwar stellt Dubois die Futurbildung nicht gesondert heraus, aber seine Position zu dieser Frage ist dem Abschnitt über die Einteilung der Verben nach Verbstämmen (*radicaux, bases*) zu entnehmen, mit der er sich gegen die traditionelle Aufgliederung nach Infinitivgruppen wendet [25]).

Für die Verben mit einem Stamm (*chanter, jouer*) wird die Futurform eindeutig vom Präsensstamm abgeleitet:

    il trempe / il trempera   /trãp/ — /trãpra/
    il parle / il parlera   /parl/ — /parləra/ ou /parlra/

Dabei benennt Dubois für die Verben *ouvrir / offrir*, die ebenfalls nur einen Stamm für alle Verbformen aufweisen, /ira/ im Futur als *la variante combinatoire* [26]).

Innerhalb der Verben *à deux bases* kommt Dubois zu folgenden Gruppierungen [27]):

1. Opposition zéro — /t/
    il part — ils partent / il partira   /par/ — /part/
    il bat — ils battent / il battra   /ba/ — /bat/

---

24) Maurice Gross, *Grammaire transformationnelle du français, syntaxe du verbe*, Paris 1968, pp. 10—11. Heranzuziehen ist auch die Stellungnahme von A. Sauvageot (*Les procédés expressifs du français contemporain*, Paris 1957, pp. 63—64): er stellt *une quantité d'anomalies* bei der Futurbildung fest, da sich einerseits Infinitiv- und Präsensableitung für verschiedene Verben vertreten lassen, andererseits die jeweilige Basis (*thème*) der Präsensableitung immer wieder wechselt.

25) Jean Dubois, *Grammaire structurale du français, le verbe*, pp. 56—79.

26) id. p. 78.

27) id. p. 75 s.

2. Opposition zéro — /d/
   il défend — ils défendent / il défendra   /defã/ — /defãd/
   il descend — ils descendent / il descendra   /desã/ — /desãd/
3. Opposition zéro — /v/
   il vit — ils vivent / il vivra   /vi/ — /viv/
4. Opposition zéro — /m/
   il dort — ils dorment / il dormira   /dɔr/ — /dɔrm/

Die Aufstellung ergibt, daß für Dubois die Futurendung an den jeweils erweiterten Stamm (*thème long*) angehängt wird. Die zur ersten Opposition (zéro — /t/) gemachte Feststellung: *La désinence du futur est, selon les verbes, -ra ou -ira* ist dabei auch auf alle folgenden Oppositionen zu beziehen.

Da Dubois eine generelle Gliederung aller Verben in allen Zeiten vornimmt, sind die Futurformen auf *-ira* in die Gesamtgruppe eingefügt; eine Aufstellung der Futurableitung müßte diesen Gesichtspunkt der Endung /ira/ aufgreifen und in einer Sondergruppe berücksichtigen.

Scheint uns die Darstellung Dubois' für die genannten Verben überzeugend aus dem *code oral* und der Opposition der jeweiligen Verbalstämme abgeleitet, so erweckt die Aufstellung einer anderen Gruppe Bedenken, gerade wenn der *code oral* und damit die gesprochene Präsensform Ausgangspunkt der Argumentation sind [28]):

il tient — il tiendra   /tjɛ̃/ — /tjɛ̃d-/
il vient — il viendra   /vjɛ̃/ — /vjɛ̃d-/
il prend — il prendra   /prã/ — /prãd-/

Dubois geht hier von zwei Stämmen aus und gibt durch den Bindestrich, der dem zweiten Stamm folgt, zu erkennen, daß zur Bildung des Futurs hier die Formel gelten soll: Futur = 2. Stamm + /ra/. Diese Ableitung erscheint jedoch vom *code oral*, d. h. vom Sprecher/Hörer aus gesehen, als nicht gerechtfertigt, da der zweite Stamm im Sprachbewußtsein des Sprecher/Hörers nicht vorgegeben ist, sondern hier als linguistische Konstruktion erscheint. Wenn Dubois für die Verben *ouvrir, offrir, partir, dormir* eine Futurendung /ira/ analysiert, die an den jeweiligen dem Sprecher als eigene Form bewußten Stamm angehängt wird, dann müßte hier von einer Futurendung /dra/ gesprochen werden, die sich der Präsensform anfügt [29]).

---

28) id. p. 67.
29) Auch für die Verben *paraître, connaître* (p. 70) geht Dubois von dem Stamm /parɛt/ bzw. /konɛt/ aus; hier müßte die *variante combinatoire* /tra/ heißen.

Wenn wir, ausgehend von diesen kritischen Überlegungen zu bereits vorliegenden Analysen, nun eine eigene Aufstellung der Verben in bezug auf ihre Futurbildung vorlegen, so sind darin verschiedene grundlegende Gedanken der zuvor behandelten Autoren enthalten, jedoch wurde versucht, die Gruppierung allein nach Verbalformen des Präsens vorzunehmen und die Einheitlichkeit der Analyse zu wahren.

I. VERBEN, DIE DAS FUTUR VOM *thème court* DES PRÄSENS ABLEITEN:

a) *thème court* + /re/ — /ra/ — /rõ/:
   1. fast alle Verben auf -er (*thème unique*)
      ex.: /ilariv/ — /ilarivra/
   2. Verben auf -ir mit Stammerweiterung /i/ — /is/
      ex.: /ilfini/ — /ilfinira/
   3. folgende Verben mit unregelmäßiger Stammerweiterung
      ex.: /ilekri/ — /ilekrira/
      écrire   conduire
      dire   courir
      lire   croire
      rire   boire
      construire plaire
      produire

b) *thème court* + /dre/ — /dra/ — /drõ/: (/d/ = Zwischenkonsonant)
   tenir (+ Ableitungen)
   venir (+ Abl.)
   prendre (+ Abl.)
   plaindre
   ex.: /iltjẽ/ — /iltjẽdra/

c) *thème court* + /tre/ — /tra/ — /trõ/: (/t/ = Zwischenkonsonant)
   connaître (+ Abl.)
   paraître (+ Abl.)
   ex.: /ilparɛ/ — /ilparɛtra/

d) *thème court* + /ire/ — /ira/ — /irõ/: (/i/ = Zwischenvokal)
   offrir
   ouvrir (+ Abl.)
   ex.: /iluvr/ — /iluvrira/

II. VERBEN, DIE DAS FUTUR VOM *thème long* DES PRÄSENS ABLEITEN [30]):

a) *thème long* + /re/ — /ra/ — /rõ/:
   die meisten Verben auf -re
   ex.: /ilvãd/ — /ilvãdra/

entendre
attendre
vendre
descendre, etc.
rompre
perdre
mettre
battre
vivre
suivre

b) *thème long* + /ire/ — /ira/ — /irõ/: (/i/ = Zwischenvokal)
dormir
servir
partir (+ Abl.)
sentir (+ Abl.)

III. Verben, die eine Sonderform für das Futur aufweisen:

z. B.: aller — /ire/
avoir — /ore/
faire — /fəre/
etc.

---

30) Wir übernehmen hier voll die von M. Csécsy nur als möglich angesehene Ableitung der Verben *entendre etc.* vom *thème long* (d. h. Plural Präsens). Eine Ableitung vom *thème court* schlägt F. Marty vor (*Les formes du verbe en français parlé*, in *LFM* 57/1968, p. 49 ss.), wenn er von einem *infixe* /dr/ vor der Futurendung /e, a, õ/ ausgeht:

radical:	infixe:	désinence:
/mãʒ/	/r/	/e, a, õ/
/fini/	/r/	/e, a, õ/
/vã/	/dr/	/e, a, õ/
/so/	/r/	/e, a, õ/
/i/	/r/	/e, a, õ/

Zu seiner Aufstellung ist folgendes zu sagen: 1. als Futurendung ist die volle Form /re/ anzusehen; 2. wie M. Csécsy bereits sagte (p. 99), ist der Konsonant /d/ für die Form von *vendre* im *thème long* enthalten, er stellt also keinen realen Zwischenlaut dar wie für *tenir*; 3. die Aufgliederung der Futurformen von *savoir* und *aller* in /so-r-e/ und /i-r-e/ erscheint abwegig, denn eine Form /so/ oder /i/ ist dem Sprecher/Hörer völlig unbewußt; hier kann man nur von geschlossenen Sonderformen sprechen.

2. Die Darstellung im Lehrwerk

Werfen wir nun einen Blick auf Grammatiken und Lehrbücher, um zu sehen, in welcher Weise die Opposition *code oral — code écrit* bei der Futurbildung berücksichtigt wird.

Im Kapitel *Le système verbal* unterscheidet die *Grammaire Larousse du Français Contemporain* zwischen *le point de vue graphique* und *le point de vue phonique*. Zum Futur heißt es dann (aus der Sicht der Schrift): *Depuis le début du XVIIe siècle, le futur simple et le conditionnel présent apparaissent non plus comme constitués de ‹infinitif + ai›, ou ‹ais› mais comme un composé de la première personne de l'indicatif présent plus -rai, ou -rais: ‹donnerai› est senti non plus comme ‹donner-ai›, mais comme ‹donne-rai› . . . Cependant, les formes en -R des verbes en -ir ou -re dérivent de l'infinitif + les désinences de avoir au présent ou à l'imparfait* [31]).

Hier wird einmal aus der Sicht des Sprecher/Hörers argumentiert (‹donnerai› *est senti* . . .) und die Futurbildung vom Präsensstamm als gültig angesehen, zum anderen (aus der Sicht historischer Sprachentwicklung) die traditionelle Formel von der Infinitivableitung aufrechterhalten, obwohl gerade diese Ableitungsformel zu Beginn des Zitats als überholt bezeichnet wurde. Nun mag man einwenden, die hier kritisierten Formulierungen seien ja im Blick auf den *point de vue graphique* gemacht; das ist richtig. Blättert man jedoch um und sucht man in dem Abschnitt zum *point de vue phonique* eine einheitlichere Formel, so wird man enttäuscht; die Autoren beschränken sich hier allein darauf, die drei oralen Futurendungen /re/ — /ra/ — /rõ/ und ihre Zuordnung zu den Personalpronomen zu nennen [32]). Diese unbefriedigende Darstellung überrascht um so mehr, als noch zu Beginn des uns hier interessierenden Abschnittes festgestellt wird: *Le parler oral est la réalité fondamentale de tout langage* [33]).

Aus der Reihe der Lehrbücher sollen im folgenden einige Ausgaben herangezogen werden, die für den Unterricht des Französischen als zweiter oder dritter Fremdsprache bestimmt sind.

○ *Etudes Françaises* (Klett), Auflage 1968, Ausgabe B, Mi B1, Lektion 26: Im grammatischen Beiheft (p. 42) wird die Futurendung *-rai* im Druck hervorgehoben; ein Kommentar über die Bildung fehlt jedoch.

---

31) Chevalier/Blanche-Benveniste/Arrivé/Peytard (Hrsg.), *Grammaire Larousse du Français Contemporain*, Ed. 1971, p. 289.
32) id. p. 292.
33) id. p. 291.

Unter «Merke» (also als Sonderformen bzw. Ausnahmen) werden neben *j'irai, je ferai* u. a. auch folgende Verben aufgezählt: *je lèverai, j'achèterai, j'appellerai, je mettrai, je prendrai*. Im Lehrerheft (p. 49) findet sich dazu der Hinweis: «Die Bildung des Futurs haben wir nicht im einzelnen erklärt, weil sich hier historische Prinzipien (Infinitiv + *habere*) und moderne Bildungsprinzipien (Präsensstamm + *rai, ras, ra*) kreuzen. Das würde den Schüler verwirren.»
Es scheint uns hier in der Tat ein seltsames Verständnis von didaktischer Aufbereitung eines Stoffes vorzuliegen: statt dem Schüler ein durchgehendes (vom *code oral* geliefertes) Ableitungsprinzip vorzulegen, gibt man ihm schriftlich (im grammatischen Beiheft) keine Erklärung und erhöht die Zahl der wahren Sonderformen (*ferai, irai*) durch solche, die geradezu eine Ableitung vom Präsensstamm nahelegen (*je lève — je lèverai etc.*). Im Grunde handelt es sich, obwohl das neue Prinzip erkannt wurde, um die alte Ausnahme-Grammatik, die im Schüler nur das Gefühl stärken muß, einer Unmenge von Sonderformen gegenüberzustehen; ein Eindruck, der die Lernmotivation nicht gerade erhöht.

○ *Etudes Françaises* (Klett), Ausgabe C, Lektion 12: Die Darbietung des Stoffes im grammatischen Beiheft ist ähnlich aufgebaut. Im Lehrerheft (p. 24) wird der Unterrichtende aufgefordert, bei «interessierten» Klassen sowohl auf die historische Bildung (Inf. + *ai, as, a*) und auf die im heutigen Sprachbewußtsein verankerte Bildung (1. Pers. Präs. + *rai, ras, ra*) hinzuweisen. Jedoch soll alles eben nur ein Hinweis bleiben; das im *code oral* funktionierende Sprachsystem kann in dieser Darbietung, die von jedem etwas einflechten möchte, nicht deutlich werden. Ein Beispiel mag dies unterstreichen: Zum Verb *posséder* heißt es im Lehrerheft: «Schreibung (*posséderai*) nach historischer Bildung, Aussprache nach dem Präsens.» In der Französischen Sprachlehre von Klein/Strohmeyer, die dem Lehrwerk nahesteht, wird dazu ausgeführt: «Im Futur und Konditional behalten sie (d. h. die Verben: *posséder, espérer etc.*) die Schreibung é bei, aber dieses é wird /ɛ/ gesprochen.[34])» Der Schüler soll, so läßt die Formulierung vermuten, erkennen: regelmäßige Schreibung, «aber» unregelmäßige Aussprache! Genau umgekehrt müßte jedoch formuliert werden. Hier wird im Schüler ein falsches Bewußtsein erzeugt von dem, was «unregelmäßig» ist, oder besser gesagt: «außerhalb der Struktur» liegt.

---

34) Klein/Strohmeyer, *Französische Sprachlehre*, Stuttgart o. J., p. 20; in der neueren Ausgabe wurde in der Formulierung «aber» weggelassen, die Reihenfolge der Feststellungen und damit die Intention blieben jedoch erhalten.

○ *La Vie Française* (Hirschgraben), Auflage 1969, Ausgabe A, Lektion 16: Obwohl eine Ableitungsformel nicht eigens im grammatischen Beiheft (§ 72) formuliert wird, läßt der Drucksatz erkennen, daß von einer Futurendung *-rai* ausgegangen wird. Die unter «weitere Formen» angeführten Verben lassen jedoch deutlich werden, daß die Verbalform eigentlich vom Infinitiv abgeleitet werden soll, denn der jeweiligen Futurform wird die Infinitivform vorangestellt:
    lever   je lèverai
    appeler   j'appellerai
    jeter   je jetterai etc.
Auch hier bewirkt die Gegenüberstellung, daß für den Schüler *je lèverai* als Unregelmäßigkeit erscheint, zumal in dieser Aufzählung dann auch die eigentlichen Sonderformen (*j'irai, je ferai, je verrai*) erscheinen.

○ *La Vie Française*, Auflage 1970, Ausgabe B, Lektion 11: Auch hier eine Hervorhebung der Endung *-rai* im Druck; jedoch keine weitere Erklärung. In der Gruppe der weiteren Formen werden ebenso wahllos Sonderformen (*je ferai*) mit Formen regelmäßiger Ableitung vom Präsens (*je nettoierai*) genannt, ohne daß der Schüler eine dem Sprachsystem adäquate Darlegung des Problem erhält.

○ *Weltsprache Französisch* (Hueber), 1. Auflage, 1970, Lektion 31: Obwohl im Vorwort des Lehrwerks der «Vorrang der gesprochenen Sprache» besonders betont ist, wird in Lektion 31 die traditionelle Ableitung dargelegt; als Futurendungen werden *-ai, -as, -a* etc. aufgezählt, die an den Infinitiv anzuhängen seien. Aufschlußreich ist die Feststellung zu den Verben *acheter, appeler, jeter* (Grammat. Beiheft § 89): «Die Ableitung erfolgt ebenfalls vom Infinitiv. Die Aussprache entspricht den Formen des Präsens Sing. + /re/, /ra/, /rɔ̃/. Der Aussprache entsprechend finden sich auch die orthographischen Veränderungen des Präsens Sing.: *il appellera*.» Der Begriff ‹Ableitung› wird hier nur auf die Schriftform bezogen; für diese Graphie muß dann die Aussprache als Sonderfall benannt und nun ihrerseits als Grund für eine veränderte Schreibweise erklärt werden. Eine unnötige Verschiebung der im *code oral* vorliegenden Relationen, die umständlich und zudem unklar wirkt.

○ *Voici* (Diesterweg), Auflage 1971, Band II, Lektion 4: Im Grammatischen Teil dieser Lektion (pp. 138—139) wird im Druck sowohl auf die historische Entstehung (die Endungen *ai—as—a* etc. sind farbig abgehoben) als auch auf die Markierung des Futurs durch *-r* (Fettdruck) verwiesen; dadurch scheinen dem Lehrer zunächst beide Ableitungsformeln vom Lehrwerk angeboten zu sein. Die folgende Aufstellung (eingeleitet mit dem Vermerk: *Attention!*) erlaubt jedoch nur noch die historische Sicht, da der Futurform der jeweilige Infinitiv vorangestellt wird, z. B.:

mettre — mettr + ai → je mettrai.

○ *Le Guide Nouveau 1* (Diesterweg), Auflage 1967, Lektion 20: Das Futur wird im grammatischen Beiheft (p. 40) als vom Infinitiv abgeleitet erklärt und im Druck auch so dargestellt: *parler + ai = parlerai.* Diese Aussage ist nun zwar eindeutig, aber nicht weniger traditionell und überholt.

○ *Salut* (Diesterweg), Auflage 1969, Lektion 23: Im grammatischen Beiheft (p. 41 ss.) heißt es: «Das einfache Futur wird gebildet, indem man an das -r der Infinitivendung die Futurendung anfügt» (ex.: *je sortir-ai, tu chercher-as*). Also wird eine historisch begründete Ableitung vom Infinitiv vertreten (die Futurendungen sind: *ai, as, a* etc.). Dennoch wird im Druck auch das *r* hervorgehoben. Was soll nun für den Schüler als Futurmarkierung gelten: *ai* oder *rai*? Das Lehrbuch entscheidet sich nicht und läßt damit auch den Schüler im Unklaren.
Der allgemeinen Feststellung der Infinitivableitung folgt dann der Hinweis (p. 42): «Bei einigen Verben geht man bei der Bildung des einfachen Futurs nicht vom Infinitiv aus, sondern von einem speziellen Stamm, dem sog. Futurstamm.» Die dann aufgezählten Verben sind also zu dieser Gruppe zu rechnen (der zitierte Satz schließt mit einem Doppelpunkt!). Um die Uneinheitlichkeit der Darbietung zu verdeutlichen, seien die Verben kurz genannt:

aller — j'irai
envoyer — j'enverrai
acheter — j'achète — j'achèterai
jeter — je jette — je jetterai
appeler — j'appelle — nous appellerons
(es werden dann noch weitere Verben dieser Art genannt)
Beachte:
espérer — j'espérerai
préférer — je préférerai /ɛ/

Dann folgen die eigentlichen Sonderformen der Verben auf -ir und -oir; z. B. *mourrir, avoir, savoir ... être.*
Zunächst fällt auf, daß die ganze Aufstellung von zwei Sonderformen (*irai* am Beginn und *serai* am Schluß) umrahmt wird. Der Schüler wird also auch alle anderen Formen als Sonderformen bzw. Ausnahmen mit besonderem Futurstamm empfinden und bewältigen müssen. Für die zuerst genannten Verben *aller — envoyer* trifft dies zu; wie aber steht es mit *acheter, jeter, appeler*? Auch die Schüler werden bemerken, daß dies kein spezieller Futurstamm ist, sondern eine Präsensform. In einer seit-

lich abgesetzten Bemerkung beeilt sich daher das Lehrbuch festzustellen, bei diesen Verben gehe man «am besten» von der 1. Pers. Sing. Präsens aus und füge -r + Futurendung an. Hier wird unter dem übergeordneten Prinzip (spezieller Futurstamm) eine neue Ableitungsformel (Präsens + r + ai) eingefügt. Aber das neue Prinzip ist weder richtig angekündigt, noch recht begründet (man gehe «am besten aus...»); es erscheint vielmehr als eine Unterkathegorie der zuerst genannten Ableitung vom speziellen Futurstamm, obwohl es die eigentliche, das Sprachsystem bestimmende Ableitungsformel ist.

Die dann unter «Beachte» aufgeführten Verben lassen in dem hinzugefügten Kommentar das ungerechtfertigte Überwechseln von einem Analyseprinzip zum anderen erkennen; es heißt erneut, diese Verben «bilden das Futur vom Infinitiv, auch wenn sie im Präsens Unterschiede zwischen stamm- und endungsbetonten Formen zeigen.» Die Aussprache /ɛ/ wird zwar angeführt, aber mit keinem Wort erläutert, obwohl gerade hier der Schlüssel für eine Erklärung dieser im oralen System regelmäßigen Formen liegt.

Zusammenfassend ließe sich zu allen untersuchten Lehrwerken sagen: Die Darbietung und die Gliederung der Verben in bezug auf die Futurbildung sind uneinheitlich; die Kathegorien gehen durcheinander, und häufig wird auf den *code oral* nur kurz verwiesen, der ganze Stoff jedoch aus dem *code écrit* heraus dargestellt; die Nichtübereinstimmung der Kathegorien führt zu Widersprüchen und Ungenauigkeiten und läßt die Darstellung (obwohl man gerade aus didaktischen Gründen vereinfachen wollte) für den Schüler unübersichtlich werden; unnötigerweise werden Verbalformen zu Sonderformen und Ausnahmen gestempelt, die im Blick auf den *code oral* ohne weiteres erklärbar sind; der Schüler erhält so den Eindruck eines von Unregelmäßigkeiten belasteten Sprachsystems, das von ihm eine besondere Anstrengung zur Bewältigung verlangt.

Die in den genannten Lehrbüchern und Schulgrammatiken nur zusätzlichen Bemerkungen zum *code oral* sollten dagegen endlich zu ihrem vollen Recht kommen und die *morphologie orale* Ausgangspunkt der Darstellung werden; nicht nur aus Gründen einer besseren Information des Unterrichtenden, sondern auch aus Gründen einer für den Schüler einsichtigeren Darlegung, die die graphische Fixierung des *code oral* im *code écrit* wirklich als *manifestation seconde* auffaßt [35]), wie es die moderne Linguistik vertritt.

---

35) J. Peytard/E. Genouvrier, op. cit. p. 31.

Eine diesem Prinzip verpflichtete Schulgrammatik müßte die Bildung des Futurs etwa wie folgt darlegen:

VORBEMERKUNG:

Im Sprachbewußtsein des Sprecher/Hörers wird das Futur durch folgende Endungen markiert:

code oral: /re/   code écrit: -rai/-rez
/ra/   -ras/-ra
/rõ/   -rons/-ront

Die notwendige orale Markierung der jeweiligen Person (Sing. + Plural) erfolgt durch das vorangestellte Personalpronomen:

je   rai   /re/
tu   ras   /ra/
il   chante   ra   /ra/
nous   /ʃãt/   rons /rõ/
vous   rez   /re/
ils   ront /rõ/

BILDUNG DES FUTUR SIMPLE:

I. Gruppe: Die meisten Verben auf -er, alle Verben auf -ir mit Stammerweiterung /i/ — /is/, und folgende Verben:

dire, écrire, lire, rire
courir, croire, boire,
conduire, construire, produire

a) il chante   — il chantera
     /ʃãt/   /ʃãtra/
    il enlève   — il enlèvera
     /ãlɛv/   /ãlɛvra/
    il arrive   — il arrivera
     /ariv/   /arivra/

b) il finit   — il finira   c) il dit   — il dira
     /fini/   /finira/   /di/   /dira/
    il agit   — il agira   il écrit   — il écrira
     /aʒi/   /aʒira/   /ekri/   /ekrira/

1. Formel:

code oral: Futur = 3. Pers. Sing. Präsens + /re/ — /ra/ — /rõ/
code écrit: a) das Schriftbild der 3. Pers. Sing. (z. B. *donne*) wird für alle anderen Personen übernommen; es wird *-rai/-ras* angehängt.
                bc) im Schriftbild fällt der Endkonsonant der 3. Pers. Sing. (meist -t) weg; es wird *-rai/-ras* angehängt.

II. Gruppe: Verben *tenir* (+ Abl.), *venir* (+ Abl.), *prendre, connaître, paraître* (+ Abl.).

a) il tiend — il tiendra
  /tjɛ̃/   /tjɛ̃dra/
  il prend — il prendra
  /prã/   /prãdra/
b) il connaît — il connaîtra
  /kɔnɛ/   /kɔnɛtra/
  il paraît — il paraîtra
  /parɛ/   /parɛtra/

| 2. Formel: |

code oral: Futur = 3. Pers. Sing. Präsens + a) /dra/, b) /tra/
 (/d/ und /t/ = Zwischenkonsonanten)
code écrit: ab) im Schriftbild ist der Zwischenkonsonant (/d/ oder /t/) bereits vorhanden; es wird dann -ra angehängt.

III. Gruppe: Die meisten Verben auf -re
il entend — ils entendent — il entendra
       /ātãd/   /ātãdra/
il met — ils mettent — il mettra
     /mɛt/   /mɛtra/
il romp — ils rompent — il rompra
      /rõp/   /rõpra/

| 3. Formel: |

code oral: Futur = 3. Pers. *Plural* Präsens + /ra/
code écrit: im Schriftbild fällt die Endung -ent weg; es wird -ra angehängt.

IV. Gruppe: Verben *dormir, sortir, partir, sentir, servir, mentir* etc.
il dort — ils dorment — il dormira
      /dɔrm/   /dɔrmira/
il part — ils partent — il partira
      /part/   /partira/

| 4. Formel: |

code oral: Futur = 3. Pers. *Plural* Präsens + /ira/
code écrit: im Schriftbild fällt die Endung -ent weg; es wird -ira angehängt.

Eine so aufgegliederte Futurbildung würde die Sonderformen soweit als möglich reduzieren; es blieben nur jene Verben, die durch eine besonders hohe Frequenz ihre speziellen Futurformen im System erhalten können, z. B. *être, avoir, faire, voir, savoir, pouvoir, vouloir, devoir* [36]). Wenn A. Martinet für das Verb *courir* (Frequenz im FF nur 25, gegenüber: *être* 11.552, *voir* 1.439, *pouvoir* 1.331) anführt, heute sei in der *langue parlée* die Form /ilkurira/ häufiger als /ilkurra/, um damit seine Ableitungsformel vom Infinitivstamm zu stützen [37]), so ist aus der Sicht unserer Darstellung dazu folgendes zu sagen: die geringe Frequenz des Verbs begünstigt hier eine Futurbildung in Analogie zu den Verben *ouvrir, offrir* (4. Formel unserer Aufstellung).

Nun wird eine Darlegung der Futurbildung, wie wir sie versuchten, im wesentlichen einer Kritik ausgesetzt sein: im Vergleich mit den untersuchten Lehrwerken ist die Ableitung des *futur simple* nicht einfacher geworden!

Zwar gilt zunächst die oft belegte Feststellung, das System des *code oral* sei einfacher, leichter, in sich kohärenter als der *code écrit* [38]); und sie ist auch für das Futur gegeben. In dem Augenblick jedoch, in dem der Unterricht *code oral* und *code écrit* zugleich berücksichtigen will, selbst wenn vom ersten ausgegangen wird, kontrastiert diese größere Kohärenz des oralen Systems mit den vielfältigen, meist historisch bedingten Formen des Schriftbildes, und die gesamte Darstellung des Problems wird erneut komplexer. Aber geht es letztlich um die Frage: was ist einfacher? Einfacher wäre es dann, die Futurformen wie eh und je vom Infinitiv abzuleiten, selbst die wenigen Hinweise auf den *code oral* wegzulassen (sie verweisen auf ein anderes System und könnten verwirren!) und den Ergebnissen der Linguistik auch weiterhin in der Praxis keine Bedeutung zuzubilligen. Andererseits scheint es uns ebenso unberechtigt, die größere Komplexität einer vollständigen linguistischen Analyse direkt als Lernziel zu postulieren, wie M. Gross es vertritt [39]). Von einem speziellen Problem ausgehend (*l'absence de l'article*), kommt er zu der Feststellung, daß eine traditionelle Untersuchung nur darum «einfacher» erscheine,

---

36) Vgl. die für das *Français Fondamental* (FF) angegebenen Frequenzwerte (Gougenheim/Michéa/Rivenc/Sauvageot, *L'Elaboration du français fondamental*, Paris 1967, p. 69 ss.).
37) A. Martinet, op. cit. p. 112—113.
38) Vgl. die Äußerung von F. Marty: *L'analyse des formes parlées conduit à l'élaboration d'un système beaucoup plus simple et plus rigoureux que celui des formes écrites* (in: *LFM* 57/1968, p. 54).
39) *Grammaire transformationnelle et enseignement du français*, in: *Langue Française* 11/1971, pp. 4—14.

weil sie das Phänomen nicht in der ganzen Breite analysiere und in manchen Punkten ungenau bleibe, während eine moderne (hier: transformationelle) Analyse gerade die oft überraschende Vielfalt und komplexe Struktur erkenne; seine im Blick auf den Unterricht (vgl. den Titel des Aufsatzes!) gemachte Aussage: *il est important de mettre cette complexité en lumière* [40]) schein den größeren Schwierigkeitsgrad einer Darstellung allgemein als Zeichen einer besseren Analyse zu verstehen.
Wichtiger erscheint es uns jedoch, den Schüler mit der nun einmal gegebenen Realität zweier Systeme derselben Sprache vertraut zu machen, ihn gerade auf die Stellen der *chaîne parlée* hinzuweisen, die für die Information entscheidende Markierungen (hier die dem Präsens angehängten Futurendungen /ra/, oder mit Zwischenlaut /dra/ — /tra/ — /ira/) enthalten, und diese Darbietung jeweils in den *code écrit* zu übertragen. Wenn dabei die Einheitlichkeit der Analyse gewahrt bleibt, der störende Rückbezug auf historische Entwicklung und das unmotivierte Überwechseln von einer Perspektive in die andere vermieden werden, das primäre Sprachsystem des *code oral* in seiner Effektivität für die Kommunikation dem Schüler aufgezeigt werden kann, so ist bereits ein großer Schritt zu einem adäquaten Sprachunterricht getan.

---

[40]) id. p. 13.

II. FUTUR SIMPLE — FUTUR PROCHE / FUTUR COMPOSE

1. Die Verwendung von aller + inf. im code oral

Die Analyse der Futurbildung aus der Opposition *code oral* — *code écrit* führt im Blick auf die Unterrichtspraxis zu weiteren Problemen, die für die didaktische Vorplanung entscheidend sind: welchen Raum soll die so analysierte Futurableitung im Unterricht einnehmen, welche Bedeutung kommt den Verbalformen des *futur simple* überhaupt zu, wenn die Spracherlernung vom *code oral* ausgeht und auch primär auf die mündliche Kommunikation vorbereiten soll; und, wenn das *futur simple* neben anderen Ausdrucksmöglichkeiten (Präsens oder *aller* + Infinitiv) eine Rolle spielen kann, in welcher Reihenfolge sollten die zuvor erarbeiteten Ableitungsformeln und die Futursonderformen eingeführt werden.

In bezug auf die Häufigkeit des *futur simple* im *code oral* stellt R. Queneau fest: *le futur lui-même est menacé* [1]; statt: *iras-tu demain à la campagne?* höre man: *tu vas demain à la campagne?*; statt: *je prendrai le train à midi*, weit häufiger: *je prend le train à midi* oder *je vais prendre*. Sieht Queneau eine Tendenz, die Verbalformen des *futur simple* durch Präsensformen oder die Umschreibung mit *aller* zu ersetzen, so spricht A. Sauvageot von einem parallelen Gebrauch der beiden Futurformen: *futur simple* und *aller* + *infinitif* [2]. Die Untersuchungen zum *Français Fondamental* ergeben dazu folgende Frequenzzahlen: *futur simple* 1.443; *aller* + *infinitif* 795 [3]. Es besteht somit ein Verhältnis von 2 : 1 zugunsten des *futur simple*; von einer Verdrängung durch die Umschreibung mit *aller* kann also nicht gesprochen werden. Die Formen des *futur simple* gehören zum *code oral* und ihre Behandlung im Unterricht ist notwendig. Das *Français Fondamental* enthält daher im Bereich der Grammatik folgende Aufforderung: *on enseignera le futur simple:*

---

1) R. Queneau, *bâtons, chiffres et lettres*, p. 72.
2) A. Sauvageot, *Français écrit, français parlé*, p. 94: *Chacun sait que parallèlement à ce futur simple nous nous servons d'un futur périphrastique construit avec le verbe aller.* Vgl. auch die Feststellung von A. Barrera-Vidal (in: *Praxis* 1970, p. 262): *Quant à la forme du futur, il chantera, on sait qu'elle est fortement concurrencée par la forme: il va chanter.*
3) *L'Elaboration du Français Fondamental*, p. 211.

il pleuvra; on enseignera aussi le futur prochain avec l'auxiliaire aller: il va pleuvoir ⁴). Diese Formulierung wirft jedoch eine andere Frage auf, deren Beantwortung von didaktischer Relevanz ist: Handelt es sich bei den zwei genannten Futurformen (*futur simple* — *aller* + *inf.*) um parallele oder unterschiedliche Ausdrucksformen; hebt sich die Umschreibung mit *aller* als *futur prochain* von den Verbalformen des *futur simple* ab und ist diesem Unterschied auch im Unterricht Rechnung zu tragen?

Sauvageot wendet sich gegen die traditionelle Auffassung, *aller* + *inf.* markiere *un futur d'imminence: en réalité cette distinction n'existe pas* ⁵). Folgende Situation dient ihm als Beleg: in einem Café wartet man darauf, vom Kellner bedient zu werden; endlich erhält man im Vorbeigehen die Auskunft: *Un instant, s'il vous plaît, je vais venir*, ohne daß diese Aussage im Hörer den Eindruck erwecke, er werde nun sogleich kommen, denn in diesem Fall hätte der Kellner gesagt: *Oui, je viens* oder *je viens tout de suite*. Sauvageot sieht also nicht in der Umschreibung *aller* + *inf.*, sondern im Präsens (oft verstärkt durch ein Zeitadverb) den Ausdruck eines *futur immédiat*; für ihn signalisiert der Satz *Nous partons à la campagne* dem Zuhörer eine unmittelbar bevorstehende Abreise, während *Nous partirons à la campagne* und *Nous allons partir à la campagne* diese zeitliche Festlegung nicht leisten ⁶). Nicht der Zeitaspekt der «näheren» oder «ferneren» Zukunft unterscheidet die Verbalformen des *futur simple* von den Formen *aller* + *inf.*, sondern — wenn überhaupt — der Grad der Gewißheit, mit der eine Handlung eintreten wird; im Unterschied zu *tu tomberas* kann man in *tu vas tomber* den Ausdruck eines *futur de certitude* sehen ⁷).

Wenn also nicht die Bedeutungsopposition *futur* — *futur immédiat* für die Verwendung der Formen *aller* + *inf.* herangezogen werden kann, so muß die relative Häufigkeit dieser Futurbildung aus anderen sprach-

---

4) *Le Français Fondamental (1er degré)*, Publ. de *l'Institut Pédagogique National*, S.E.V.P.E.N., p. 63.

5) A. Sauvageot, op. cit. p. 95.

6) id. p. 95. Auch Barrera-Vidal kommt zu dieser Feststellung (in: *Praxis* 1970, p. 267). Vgl. ebenso seine Ausführungen in: *Praxis* 1966, p. 357: *Le futur sur ‹je vais› n'est pas plus ‹proche› du présent que le futur simple.* Und ähnlich erneut in: A. Barrera-Videl, *Les modèles linguistiques et l'enseignement des langues vivantes*, Zielsprache Französisch 1/1972, p. 10.

7) A. Sauvageot, op. cit. p. 96. Aber auch in diesen Fällen tritt häufig ein Adverb hinzu (*certainement, sûrement*), da die Verbalform die Bedeutungsnuance allein nicht mehr genügend markieren kann (vgl. dazu: A. Sauvageot, *Les Procédés expressifs du français*, p. 161 ss.).

ökonomischen Gründen erklärt werden. Sauvageot verweist darauf, daß der Gebrauch von *aller + inf.* es dem Sprecher ermöglicht, schwierige Sonderformen des *futur simple* zu vermeiden [8]); M. Csécsy sieht in der Tatsache, daß im *français parlé* die Aussprache von *je donnerai* und *je donnerais* sich zu /dɔnrɛ/ angleiche und dadurch die für diese Person wichtige phonologische Opposition /e/ — /ɛ/ nicht mehr bestehe, einen weiteren Grund dafür, daß der Sprecher immer häufiger zur Form *je vais donner* übergehe [9]). Daß für den *code oral* die generelle Festlegung der Struktur *aller + inf.* auf die Bezeichnung einer «nahen» Zukunft nicht mehr haltbar ist, mag noch ein Blick auf Texte zeigen, die in ihrer schriftlichen Form die Elemente des gesprochenen Französisch gerade aufrechterhalten wollen und den Strukturen des *code oral* verpflichtet sind: gemeint sind die in Frankreich weit verbreiteten Serien der Abenteuer von Tintin und Astérix.

Tintin kommt bei einem Spaziergang einem Mädchen zur Hilfe, das nach einem Sturz besinnungslos am Boden liegt; als es erwacht, sagt Tintin: *Tu n'es pas blessée? Non, tu ne saignes pas... Tu auras peut-être une bosse, mais ce ne sera rien. Allons! n'aie pas peur, nous allons te reconduire chez tes parents* [10]). Die Verbalformen *tu auras une bosse* und *nous allons te reconduire* bezeichnen zukünftige Ereignisse, die durch keinen besonderen Zeitaspekt (nähere oder fernere Zukunft) unterschieden sind; und wenn in der deutschen Übersetzung eine nähere Zukunft markiert werden soll, dann müßten beide Sätze den adverbialen Zusatz «gleich» erhalten.

Dazu noch ein Beispiel aus einem Astérix-Heft. Um den Sklaven der römischen Garnison zu helfen, hat Astérix ihrem Anführer den gallischen Zaubertrank mitgebracht, den dieser in das soeben gebrachte Essen schüttet; dann ruft er seine Mitgefangenen: *Venez manger vous autres! Cette soupe vous donnera des forces...* [11]) Es handelt sich hier um eine Stelle, die — will man die traditionelle Unterscheidung aufrechterhalten — ohne Zweifel als Nahe-Zukunft (die *potion magique* pflegt im Astérix stets unmittelbar zu wirken!) die Form *aller + inf.* aufweisen müßte. Einige Seiten später findet sich noch einmal ein interessanter Beleg. Der Anführer der Sklaven ist ins Lager der Gallier gekommen, um zu verhandeln; dort wird er mit dem Hinweis verabschiedet: *mais je vous don-*

---

8) A. Sauvageot, *Français écrit, français parlé*, p. 96 (*il va promouvoir, nous allons prévoir*).
9) M. Csécsy, *De la linguistique à la pédagogie, le verbe*, p. 110.
10) *Les Aventures de Tintin: Les Bijoux de la Castafiore*, Castermann 1963, p. 3.
11) *Astérix, Le Domaine des Dieux*, Paris 1971, p. 20.

nerai de la potion magique pour qu'il soit fini plus vite (le travail); der Druide, der hier spricht, wendet sich dann an die Gallier mit den Worten: *Ne vous inquiétez pas; nous allons nous amuser un peu avec les Romains. Nous leur donnerons une nouvelle leçon tout en aidant ces pauvres esclaves* [12]). Auch hier kann man von einem parallelen Gebrauch des *futur simple* und der Umschreibung *aller + inf.* sprechen; gerade das zweite Zitat markiert in den Verbalformen *nous allons nous amuser* und *nous leur donnerons* zwei Aussagen, die vom Sprecher in der zeitlichen Perspektive nicht unterschieden werden sollen. Der Wechsel zwischen beiden Futurformen ist in keiner Weise durch die traditionelle Bestimmung eines *futur proche* zu erklären; da auch der von Sauvageot genannte Grund (Ersatz für schwierige Futursonderformen) hier nicht gegeben ist, scheint uns in diesem Fall nur das Bemühen um eine Variation des sprachlichen Ausdrucks die beiden Formen zu bedingen.

2. Die Darstellung in Lehrwerken

Nach diesen Feststellungen überrascht es um so mehr, wenn die *Grammaire Larousse du Français Contemporain* zwar betont, die Umschreibung *(aller + inf.) fait concurrence à la forme simple du futur*, dann jedoch die alte Unterscheidung nach dem zeitlichen Aspekt wieder anführt: *Aller + infinitif s'emploient surtout pour traduire le déroulement prochain de l'action* [13]). Die Grammatik zitiert dann ein Beispiel von A. Robbe-Grillet: *Son intention est de prendre maintenant un véhicule neuf; il va descendre lui-même jusju'au port à la première occasion*. Hier wird jedoch der Konstruktion *il va descendre* die Markierung einer unmittelbaren Zukunft zugeschrieben, obwohl diese gerade durch die adverbiale Ergänzung *à la première occasion* (so bald als möglich) erreicht wird. Es ist für diese unbegründete Fixierung der Nahen-Zukunft in der Verbalform bezeichnend, daß im § 504, in dem erneut die Umschreibung *aller + inf.* zur Sprache kommt, der zitierte Satz von Robbe-Grillet nunmehr ohne diese adverbiale Bestimmung wieder aufgegriffen wird, um allein im Verb eine dem Augenblick des Sprechens nähere Zukunft zu bezeichnen: *un futur lié à l'instant présent* [14]). Der Ausdruck *à la première occasion*, der den Aspekt des zu erwartenden Eintretens dieser Handlung bestimmt, ist hier ausgelassen, da er die vertretene Meinung

---

12) id. p. 25.
13) *Grammaire Larousse du Français Contemporain*, § 468, p. 332.
14) id. p. 352.

stören und darauf hinweisen würde, daß im Zitat die Verbalform allein eine genaue zeitliche Bestimmung des Futurs nicht mehr leisten kann. Auch die Aussagen von Klein/Strohmeyer im § 35 ihrer Schulgrammatik unterliegen derselben Kritik. Der Beispielsatz *Qu'est-ce que tu vas faire maintenant* wird wie folgt kommentiert: «*aller* mit dem Infinitiv bezeichnet die nahe Zukunft [15])»; nicht die Verbalform markiert jedoch die Unmittelbarkeit der Handlung, sondern das Adverb. In Anlehnung an diese Sprachlehre sehen auch die verschiedenen Ausgaben des Lehrwerks *Etudes Françaises* in der Konstruktion *aller* + *inf*. den Ausdruck einer nahen Zukunft [16]). Wie verwirrend dabei der Versuch einer solchen Bedeutungsfixierung im Verb auf den Schüler wirken muß, zeigen die Formulierungen des grammatischen Beiheftes zur Ausgabe C. Im § 85 wird über den Gebrauch des *futur simple* gesprochen; als Zusatz folgt unter «Beachte»: «Bei sehr naher Zukunft steht auch bisweilen das Präsens: *je pars ce soir*.» Im § 86 wird das *futur proche* behandelt; der Beispielsatz *je vais écrire une lettre* wird dann wie folgt übersetzt: «Ich werde sofort (sogleich) einen Brief schreiben.» Auch die Schüler werden erkennen, daß die zusätzliche Unterscheidung «nahe Zukunft — sehr nahe Zukunft» wenig berechtigt ist; der Aspekt «sehr nah» scheint eher im zweiten Satz gegeben (wenn die deutsche Übersetzung richtig sein soll: sofort, sogleich). Der Kontrast «nah — sehr nah», der dem Schüler doch gerade helfen sollte, den Gebrauch der beiden Verbalformen zu bewältigen, wird dann in einem Zusatz zu § 86 vollends verwischt: «Mitunter drückt auch das Präsens eine nahe Zukunft aus.»

Die Ausgaben A und B des Lehrbuchs *La Vie Française* erklären im jeweiligen grammatischen Beiheft (Ausgabe A: § 29; Ausgabe B: § 22) die Struktur *aller* + *inf*. ebenfalls als Ausdruck einer «nahen Zukunft»; in einem Zusatz heißt es dann, daß «in der gesprochenen Sprache diese Aussageweise auch für die Zukunft allgemein» gebraucht werde [17]). Das mag für den Schüler zunächst als Unterscheidungsmerkmal genügen; zieht man jedoch die jeweiligen Lektionstexte heran, so erkennt man, daß die als Beispiele für die «nahe Zukunft» gewählten Sätze (Ausgabe A: *je vais regarder la télévision, nous allons faire une promenade*; Ausgabe B: *je vais tout raconter, nous allons montrer les beautés de notre ville, ils vont jouer*) ausnahmslos dem Dialogteil der Lektionen ent-

---

15) Klein/Strohmeyer, *Französische Sprachlehre*, § 35, p. 46. Auch die letzte Druckauflage (1970) bringt hier keine Veränderung.
16) Vgl. *Etudes Françaises*, Ausgabe B Mi B I, Lektion 10 (grammatisches Beiheft, p. 16); ebenso: Ausgabe C, Lektion 12 (grammat. Beiheft, p. 34 ss.).
17) Ausgabe B, grammat. Beiheft, § 22, p. 18. Ähnlich lautet der Zusatz für die Ausgabe A, der nur den Ausdruck «in der Umgangssprache» verwendet.

nommen sind, also «gesprochene Sprache» repräsentieren: in der Ausgabe A handelt es sich um einen Textteil, der unter dem Titel *Dialogue* ein Gespräch zwischen Internatsschülern (!) bringt; in der Ausgabe B um einen Text, der vorgibt, ein Interview mit Schülern aufzuzeichnen. Die im grammatischen Beiheft jeweils vorliegende Erklärung als «nahe Zukunft» wird so durch den Charakter des linguistischen und situativen Kontextes, dem die Beispielsätze entnommen sind, selbst widerlegt. Auch der Schüler kann angesichts solcher Ungereimtheiten nur zu dem Schluß kommen, daß entweder die grammatische Darlegung ungenau ist, oder aber die ihm in der Lektion als mündliche Äußerung (Gespräch — Interview) angebotene Sprache im Grunde nur einen nach den Prinzipien des *code écrit* konstruierten Schultext darstellt.

Das Lehrwerk *Weltsprache Französisch* (Grammat. Beiheft § 17) gibt seinem kurzen Abschnitt den Titel: *Le futur proche*, fügt dann als einzige Erklärung der Beispielsätze hinzu: «Die Zukunft kann mit *aller + inf.* ausgedrückt werden.» Diese letzte Aussage ist voll zu unterstreichen; aber warum zuerst die traditionelle und irreführende Überschrift? Auch in § 90 (Lektion 31), der *futur simple* und *futur proche* gegenüberstellt, findet sich diese Diskrepanz zwischen der grammatischen Benennung und der erklärenden Aussage: «Die Umschreibung mit *aller + inf.*, auch *futur proche* genannt, wird in der gesprochenen Sprache für nahe und entfernte Zukunft gebraucht.» Wenn die Aussage des § 17 gilt, dann sollte hier nicht länger der Unterschied «nahe — entfernte Zukunft» strapaziert werden, um eine (vielleicht stilistische) Feinheit darzulegen, die im Grundkurs des Sprachlernvorganges keinen Platz hat.

Im Lehrwerk *Le Guide Nouveau* umfaßt die Lektion 20 den grammatischen Stoff *futur prochain et futur simple*. Der Lektionstext bringt in seinem ersten Teil folgende Sätze mit der Struktur *aller + inf.*:

— maintenant je vais préparer le déjeuner.
— d'abord je vais éplucher les pommes de terre et les légumes et puis je vais faire une crème à la vanille.
— papa va rentrer tout à l'heure.
— aujourd'hui vous allez manger sans moi.

Es fällt auf, daß alle Beispiele die zeitliche Perspektive der Futurhandlung (d. h. den näheren Zeitpunkt ihres erwarteten Vollzugs) in einem Adverb festlegen; dieser sprachlichen Markierung im adverbialen Zusatz wird in der grammatischen Erklärung in keiner Weise Rechnung getragen: *je vais monter, il va tomber* werden als Ausdruck einer nahen Zukunft vorgestellt und den Formen einer «unbestimmten» Zukunft (*mangerai*) entgegengesetzt [18]). Jedoch der Beispielsatz *Attention, je vais monter sur le vélo* erhält den Ausdruck seiner Unmittelbarkeit vielmehr durch den vorangestellten Ausruf und würde im *code oral* (ohne die

Notwendigkeit, als Beleg für eine Regel dienen zu müssen) lauten: *Attention, je monte sur le vélo*. Nun wird zwar auf den Gebrauch des Präsens im grammatischen Beiheft hingewiesen; aber auch hier bleibt die Darstellung verwirrend [19]. Es heißt dort: «Für das unmittelbar bevorstehende Geschehen steht das Präsens oder die Nahe-Zukunft»; es folgen drei Beispiele:
— Nous allons prendre le métro.
— Je vais me reposer.
  Übersetzung: Ich ruhe mich bald (?) aus.
— Attention, l'avion va partir.
  aber: Demain je vais au théâtre.
Warum wird *Demain je vais au théâtre* als Gegensatz (aber) abgehoben, obwohl die Erklärung doch davon sprach, daß Präsens oder *aller + inf.* stehen könnte; wie ist die Übersetzung von Satz 2 zu verstehen: das deutsche Adverb «bald» zeigt doch gerade keine unmittelbar bevorstehende Handlung an. Das Dilemma solcher Formulierungen wäre behoben, wenn — wie im *code oral* üblich — der Satz *je vais me reposer* als Ausdruck einer Zukunft akzeptiert würde, für die der erwartete Zeitpunkt der Verwirklichung erst durch einen adverbialen Zusatz fixiert wird: *je vais me reposer tont de suite*.

Im Rahmen der hier eingesehenen Lehrbücher hebt sich nun das Werk *Salut* positiv von allen anderen ab. In der Lektion 19 wird die Struktur *aller + inf.* eingeführt und unter dem Begriff *futur composé* (nicht länger: *futur proche*) dem Schüler als «eine sehr gebräuchliche Form des Futurs» erklärt [20]. Bereits hier ist die traditionelle Fixierung der Form

---

18) *Guide Nouveau* I, p. 88. In gleicher Weise geht das Lehrwerk *Voici* (Bd. I, Lektion 9) vor. Der zentrale Beispielsatz lautet: *elle va mettre la roue en marche*: Sie wird jetzt gleich das Rad in Gang setzen; im Lektionstext wird die Unmittelbarkeit jedoch durch ein vorangestelltes *dans un moment* markiert. Wir beziehen uns in unserer Untersuchung nur auf Lehrwerke deutscher Schulbuchverlage; im Zusammenhang der Futurformen sei jedoch darauf verwiesen, daß *Bonjours Line* (I, 23) den Begriff *futur proche* beibehält, während *Frère Jacques* (II, 21) und *La France en direct* (I, 11) nur die Struktur (*aller + inf.*) anführen.
19) *Le Guide Nouveau*, Grammatisches Beiheft, p. 46 (§ 85).
20) *Salut*, Grammatisches Beiheft, p. 34 (§ 56). A. Barrera-Vidal (Mitherausgeber des *Salut*) hat den Begriff *futur composé* bereits in einem Aufsatz von 1966 begründet (in: *Praxis* 4/1966, 355—358). H. W. Klein (in: *Praxis* 1/1967, 37—39) möchte dagegen den Begriff *futur périphrastique*, den bereits Sauvageot verwendet, vorziehen; in der Ablehnung einer Bestimmung von *aller + inf.* als ‹nahe› Zukunft stimmt er jedoch mit Barrera-Vidal überein.

als «nahe Zukunft» aufgegeben. Die Lektion 23, die dann das *futur simple* behandelt, kommt noch einmal auf *aller + inf.* zurück; in den Erklärungen des grammatischen Beiheftes wird dabei den zuvor entwikkelten sprachlichen Gegebenheiten des *code oral* voll Rechnung getragen: beide Formen (*je vais aller à Paris — j'irai à Paris*) unterscheiden sich nicht «in der zeitlichen Perspektive [21])»; wenn ein semantischer Unterschied vorliege, dann sei er — wie bereits Sauvageot ausführte — in der «stärkeren Intensität» der Form *tu vas travailler* zu sehen [22]). Der oft zu beobachtende Wechsel im Gebrauch beider Futurformen im Satzgefüge «hat oft einen stilistischen Grund» (Vermeidung einer Wiederholung) [23]).

Die hier vorliegende richtige Darstellung des Problems sollte jedoch in zweierlei Hinsicht ergänzt werden. Dem Schüler müßte — bei aller Parallelität der beiden Futurformen — gesagt werden, unter welchen Bedingungen das *futur composé* bevorzugt angewandt wird [24]): in den Fällen nämlich, in denen der Sprecher zum Ausdruck einer Futurhandlung ein Verb benutzt, dessen Sonderform durch eine geringe Frequenz im *code oral* nicht genügend im Sprachbewußtsein verankert ist, um sich in der Redehaltung spontan anzubieten. Aus dieser Überlegung heraus ließe sich die Liste der Futursonderformen erneut einschränken und der Unterricht von solchen Bildungen entlasten. In der vom *Salut* abgedruckten Aufstellung [25]) könnten so die Futurformen der Verben *valoir* (FF 86), *recevoir* (FF 75), *mourir* (FF 62), *s'asseoir* (FF 50), *apercevoir* (FF 42), *pleuvoir* (FF 29) wegfallen und durch den Hinweis ersetzt werden: für diese Verben ist als Futur die Struktur *aller + inf.* gebräuchlich: *il va mourir, il va recevoir, il va s'asseoir*.

Und ein zweiter Hinweis erscheint notwendig, um im Bereich der grammatischen Beihefte den Gedanken an eine Verbalform *futur proche* erst gar nicht aufkommen zu lassen: Soll für beide Futurformen der Aspekt

---

21) id. p. 43.
22) Wenn in der Formulierung dabei das Wort «Unmittelbarkeit» neben «Intensität» auftritt (id. p. 43), so scheint uns hier ein Rückbezug auf die traditionelle Formel vom *futur proche* vorzuliegen; er sollte vermieden werden, indem Sauvageots Begriff vom *futur de certitude* übernommen wird.
23) Vgl. die zuvor zitierten Belege aus *Astérix*, die sich ohne weiteres durch Beispiele auch aus der Gegenwartsliteratur ergänzen ließen.
24) Das grammatische Beiheft des *Salut* verweist nur darauf, daß in gewissen Fällen die einfache Form (*futur simple*) vorgezogen wird: wenn unklar sein könnte, ob das Verb *aller* in seiner Bedeutung «gehen» oder als Markierung des Futurs angewandt wird (Grammat. Beiheft, p. 43).
25) *Salut*, Grammatisches Beiheft, p. 42.

des unmittelbar erwarteten Handlungseintritts markiert werden, so tritt ein Adverb hinzu: *Alors, il viendra tout à l'heure?* oder: *il va venir tout à l'heure?*

3. Die Einführung der Zeitformen

Was nun die Reihenfolge bei der Einführung der verschiedenen Futurformen anbelangt, so ist die Äußerung von M. Csécsy voll zu unterstreichen: *Pédagogiquement, il est certainement plus utile d'enseigner à nos élèves étrangers le Futur périphrastique avec aller (je vais partir) avant le Futur simple régulier* [26]). Diese Folgerung ergibt sich bereits aus der Tatsache, daß die Struktur *aller + inf.* dem Schüler kaum Schwierigkeiten bereiten wird, zumal wenn er — was in den herangezogenen Lehrwerken meist der Fall ist (vgl. nachfolgende Übersicht) — frühzeitig mit den Präsensformen von *aller* vertraut gemacht wurde.

In der Übersicht wurde zudem der Tatsache Rechnung getragen, daß eine Entscheidung über den Zeitpunkt der Einführung von Futurformen nicht losgelöst von den anderen wichtigen Zeiten vorgenommen werden darf. Die von den aufgeführten Lehrwerken verwirklichte Abfolge, wie sie aus der Aufstellung hervorgeht, läßt dabei verschiedene Gesichtspunkte erkennen, die einen Kommentar herausfordern.

Es fällt auf, daß für die Hälfte der Lehrbücher das Präsens von *aller* bereits seit mehreren Lektionen bekannt ist, wenn die Futurformen eingeführt werden; für die anderen vier Lehrwerke gilt, daß innerhalb einer Lektion die Präsensformen und die Struktur *aller + inf.* behandelt werden. Diese gleichzeitige Einführung ist jedoch allein deshalb zu vermeiden, weil die Verbalformen von *aller* in beiden Fällen eine im Sprachsystem strukturell unterschiedliche Funktion erfüllen. Zum einen handelt es sich um die finiten Formen des Vollverbs, das im syntagmatischen Bereich die für ein intransitives Verb vorgegebenen Bindungen eingehen kann und paradigmatisch — im Bewußtsein des Sprecher/Hörers — seine Bedeutung in Opposition zu anderen Verben gleicher Funktion fixiert:

il	va	à la gare
	court	
	reste	
	se précipite	
	etc.	

---

[26] M. Csécsy, *De la linguistique à la pédagogie, le verbe,* p. 110.

	I.	II.	III.	IV.	V.
Salut	Präs. aller (L 7)	Passé composé (L 18)	aller+inf. (L 19)	Futur I Futur II (L 23)	Imparfait (L 25)
Guide Nouveau Bd. I	Präs. aller (L 13)	Passé composé (L 19)	aller+inf. Futur I (L 20)	Imparfait (L 4, Bd. II)	
Voici	Präs. aller (L 8)	aller+inf. (L 9)	Passé composé (L 2/3, Bd. II)	Futur I (L 4, Bd. II)	Imparfait (L 5, Bd. II)
Weltsprache Französisch	Präs. aller aller+inf. (L 9)	Passé composé (L 25)	Imparfait Plus-queparfait (L 30)	Futur I Futur II (L 31)	
Etudes Françaises Ausgabe Mi B 1	Präs. aller aller+inf. (L 10)	Passé composé (L 23)	Futur I Futur II (L 26)	Imparfait (L 1, Bd. 2)	
Etudes Françaises Ausgabe C	Präs. aller (Cours phon. V)	Passé composé (L 9)	Imparfait Plus-queparfait (L 11)	aller+inf. Futur I Futur II (L 12)	
La Vie Française Ausgabe A (Teil 1)	Präs. aller aller+inf. (L 8)	Passé composé (L 14)	Futur I (L 16)	Futur II (L 17)	Imparfait (L 19)
La Vie Française Ausgabe B	Präs. aller aller+inf. (L 7)	Futur I (L 11)	Passé composé (L 15)	Imparfait (L 19)	Futur I (L 20)

Zum anderen ist in den Formen von *aller* das grammatische Signal einer Futuraussage zu sehen, die vorangestellte Markierung dieser Zeit und damit der integrale Bestandteil einer geschlossenen Verbalform eines anderen Verbs.

Die Übersicht zeigt weiter, daß an zweiter Position von der Mehrzahl der Lehrbücher das *passé composé* behandelt wird; *La Vie Française* (Ausgabe B) durchbricht diese Reihenfolge und setzt an diese Stelle das Futur I; eine Entscheidung, die didaktisch nicht vertretbar ist, da die Einführung (Lektion 7 + 11) von zwei gleichwertigen Verbalformen zum Ausdruck des Futurs der Ökonomie des Sprachlehrgangs widerspricht und das Zurückstellen des *passé composé* gegenüber dem Futur I geradezu als Mißachtung der höheren Frequenzwerte der Perfektform und damit des größeren linguistischen Ertrages für den *code oral* angesehen werden muß.

Nur in *Salut* und *Voici* wird die Struktur *aller + inf.* isoliert behandelt, ohne zusätzlich von Futur I/II (*Etudes Françaises*, Ausgabe C) belastet zu werden. Geht man davon aus, daß *aller + inf.* als vollgültige Futurform (ohne die traditionelle Einschränkung: *futur proche*) anzusehen ist, so sollte — wie in *Salut* — diese Struktur auch in einer eigenen Lektion eingeführt werden; jedoch könnte diese Einführung bereits vor dem *passé composé* liegen — wie in *Voici*; sie bereitet keine wesentlichen sprachlichen Schwierigkeiten (Präsensformen sind bekannt) und erlaubt, im Lehrgang schon frühzeitig jene Situationen auszuwerten und für ein Klassengespräch zu nutzen, in denen für den Sprecher/Hörer von erwarteten Ereignissen die Rede ist. Folgende Reihenfolge würde sich somit anbieten:

1. möglichst frühe Einführung des Präsens von *aller*.
2. getrennte Einführung der Struktur *aller + inf.* als Futurform.
3. Einführung des *passé composé*.

Zusammen mit den Präsensformen der Verben, die in allen Lehrwerken stets als erste behandelt werden, erlauben *aller + inf.* und *passé composé* es dem Schüler, Handlungsabläufe in den drei wichtigsten Zeiten zu benennen. Beide Zeitformen sollten daher möglichst bis zur Mitte eines Lehrganges eingeführt sein; das Zurückstellen des *passé composé* in den zweiten Band sollte daher vermieden werden. Andererseits scheint uns das extreme Vorziehen dieser Zeitform, wie es im neuen *Cours de base I* (Klett 1972) realisiert wird, ebenso problematisch: hier werden die Singularformen des *passé composé* zum erstenmal in Lektion 8, dann die Pluralformen in Lektion 15 (der letzten dieses Bandes) behandelt, während die Verbalformen von *aller* in Lektion 9/10 auftreten, das *futur composé* jedoch in diesem Band überhaupt nicht vorkommt.

Für eine Einführung von *futur composé* und *passé composé*, die nicht durch zu viele Zwischenlektionen getrennt sein sollten, spricht auch die Tatsache, daß beide Zeitformen in ihrer Struktur eine Parallelität aufweisen, die dem Schüler bewußt gemacht werden muß: es handelt sich jeweils um zusammengesetzte Zeiten, die neben der Markierung der Person im Pronomen zwei weitere Elemente aufweisen, das erste veränderlich, das zweite unveränderlich [27]):

je vais \   j'ai \
tu vas \ jouer   tu as \ joué
il va   /   il a /
etc.   /   etc. /

In dieser Hinsicht ist der im *Salut* verwandte Begriff *futur composé* zu befürworten und zu übernehmen [28]).

Eine Reihenfolge, wie sie die Ausgabe C der *Etudes Françaises* und *Weltsprache Französisch* verwirklichen, ist aus dieser Sicht abzulehnen; außerdem ist die gedrängte Folge der Ausgabe C (*passé composé, imparfait, plus-que-parfait* und *futur I/II + futur composé*) in drei Lektionen, die fast unmittelbar aufeinander folgen, in keiner Weise gerechtfertigt. Vielmehr sollten im Lehrgang *futur composé* und *passé composé* vorgezogen werden; die dadurch verdrängten grammatischen Kapitel würden folgen [29]); anschließend die Einführung des *futur simple, dann: imparfait*. Folgende grobe Lektionseinteilung bietet sich für einen etwa 30 Lektionen umfassenden Lehrgang an: Präsens von *aller* (Lektion 4 oder 5) — *futur composé* (Lektion 8 oder 9) — *passé composé* (Lektion 12/13) — *futur simple* (Lektion 24/25) — *imparfait* (Lektion 27/28).

Die hohe Frequenz von *aller* (FF 1.876) spricht dafür, dieses Verb nach *être* (FF 14.083), *avoir* (FF 11.552), *faire* (FF 3.174) und *dire* (FF 2.391) in fünfter Position einzuführen [30]). Die Einführung des *futur composé*

---

[27] Dies gilt jedenfalls für alle Verben, die ihr *passé composé* mit *avoir* bilden (sie werden zuerst eingeführt) und im *code oral* auch für die Formen mit *être* (*il est arrivé, elle est arrivée*).

[28] Für die große Gruppe der Verben auf -er geht die Strukturähnlichkeit sogar so weit, daß das zweite Element im *code oral* nicht unterschieden ist: /ʒveʒue/ — /ʒeʒue/.

[29] Für die Ausgabe Mi B I der *Etudes Françaises*, in der das *passé composé* erst sehr spät (in Lektion 23) erscheint, wären dies z. B. die grammatischen Kapitel: 2 Objektpronomen beim Verb (L 22), die absolute Fragestellung (L 19), Objektpronomen beim Imperativ (L 17), die Ordnungszahlen (L 16).

[30] Die Präsensformen von *aller* sollten nicht erst nach *mettre* und den Verben auf -cer/-ger eingeführt werden, wie dies in der Ausgabe Mi B I der *Etudes Françaises* geschieht.

legt die geringere sprachliche Schwierigkeit dieser Struktur nahe; eine
möglichst enge Bindung bei der Einführung beider zusammengesetzten
Zeiten fordert die im *code oral* entscheidende Markierungsstruktur:
Prädeterminierte Verbalformen:

1. futur composé:	2. passé composé:
je vais donner	j'ai donné
/ʒvɛ/	/ʒe/
il va donner	il a donné
/ilva/	/ila/
il va finir	il a fini
/ilva/ ... /r/	/ila/ ... /—/
il va faire	il a fait
/ilva/ ... /r/	/ila/ ... /—/
il va attendre	il a attendu
/ilva/ ... /r/	/ila/ ... /y/

Die für die Verben auf -ir/-re (und auch für die Sonderformen der Partizipien: *été, pris, eu*) zusätzliche Markierung (z. B. in den Oppositionen:
/r/ — /zéro/) bleibt jedoch innerhalb des jeweiligen Paradigmas unverändert; die eigentliche Determinierung liegt in der Opposition /va/ —
/a/. Ebenso sind von der Struktur ihrer Markierung her gesehen Futur I
und Imparfait zu gruppieren:
Postdeterminierte Verbalformen:

1. Futur I:	2. Imparfait:
je donnerai	je donnais
/re/ oder /rɛ/ [31]	/ɛ/
je finirai	je finissais
/re/	/sɛ/
je descendrai	je descendais
/re/	/ɛ̇/

Für die somit in der Mitte der zweiten Lehrgangshälfte einzuplanende
Einführung des *futur simple* ist zunächst die Ableitung vom *thème court*
des Präsens (3. Pers. Sing.) zu erarbeiten, und zwar in der Formel: Futur
= 3. Pers. Sing. Präs. + /ra/. Einer anderen Unterrichtsstunde sollten die
Formel II und die wichtigsten Futursonderformen vorbehalten sein; einer
dritten die Ableitung vom *thème long* in der Formel III (Futur =
3. Pers. Plural Präs. + /ra/) und der Formel IV (Futur = 3. Pers. Plural
Präs. + /ira/).
Auch M. Csécsy schlägt eine dreistufige Einführung des Futurs vor [32]):

---

31) Vgl. die Feststellung von M. Csécsy (op. cit. p. 110), daß die Aussprache
der 1. Pers. Sing. im Futur I sich zu /rɛ/ verschiebt.
32) M. Csécsy, op. cit. p. 107/108.

1. *Futur* = *Prés. sing.* + /re/ — /ra/ — /rõ/; 2. *les futurs irréguliers* (*ira, fera, aura, sera, viendra, tiendra*); 3. *Futur* = *Infinitif en -r + a*. Mit Recht stellt sie die Futursonderformen (das Wort «unregelmäßig» sollte vermieden werden) der Verben mit hoher Frequenz an die zweite Position. Wir haben diese Stellung in unserer Reihenfolge übernommen. Jedoch ermöglicht es die Ableitung nach den Formeln I und II, so wichtige Verben wie *tenir* (+ Abl.) und *venir* (+ Abl.), außerdem *prendre* (erscheint bei Csécsy in der Gruppe 3), in die große Zahl der Futurbildung nach dem *thème court* zu übernehmen und so für den Schüler einsichtiger (da einer gemeinsamen Struktur unterworfen) zu machen. Eine so vollzogene Einführung erübrigt auch jede Hervorhebung der Verbalformen *je lèverai, j'appellerai, je jetterai* als Besonderheiten [33]); erneut eine Möglichkeit, die grammatische Darbietung von den Formen mit Ausnahmecharakter zu befreien bzw. diese Formen in das System des *code oral* einzugliedern, vor allem da der *code écrit* in diesen Fällen parallel verläuft. Eine Abweichung des *code écrit* liegt dagegen für die Verben *posséder, préférer, éspérer* u. a. vor. Hier ist es entscheidend, dem Schüler zunächst das Bewußtsein der im *code oral* völlig regelmäßigen Futurbildung zu vermitteln: /ʒɔpɔsɛd/ — /ʒɔpɔsɛdre/ und dann erst auf die im *code écrit* abweichende Graphie zu verweisen: *je possède — je posséderai* [34]).

4. Stundenmodell

Um die hier vorgeschlagene Einführung des *futur simple* zu konkretisieren, sei im folgenden der Unterrichtsverlauf der ersten Stunde skizziert.

STUNDENZIEL:
Die Schüler sollen die Markierung und Bildung des *futur simple* (Formel I) im *code oral* erkennen, anwenden und in den *code écrit* übertragen können.

---

33) Dies geschieht jedoch in den grammatischen Beiheften der genannten Lehrwerke (*Etudes Françaises*, Ausgabe C, § 83; Ausgabe Mi B I, § 26; *Guide Nouveau*, § 72—73). *Salut* verweist für diese Verben zwar auf die Ableitung vom Präsens, aber die gesamte Erklärung steht hier unter dem Begriff «Ableitung von einem speziellen Stamm» (§ 67).
34) Also eine Umkehrung der traditionellen Erklärung: es wird *é* geschrieben, aber /ɛ/ gesprochen.

TEILLERNZIELE:
1. Die Schüler sollen die für den *code oral* entscheidende Markierung des *futur simple* in den Endungen /re/ — /ra/ — /rõ/ erkennen.
2. Die Zuordnung dieser Futurendungen zu den jeweiligen Personalpronomen soll den Schülern bewußt und von ihnen sprachlich vollzogen werden.
3. Die Futurbildung im *code oral* soll im Transfer in anderen Sachbezügen geübt werden.
4. Die neuen Verbalformen sollen anschließend im *code écrit* wiedererkannt werden.

MÖGLICHER STUNDENVERLAUF:
I. In einem kurzen Unterrichtsgespräch wird erarbeitet, welcher Tätigkeit die einzelnen Familienmitglieder der Schüler im Augenblick des Unterrichts nachgehen: Que fait votre père en ce moment? votre mère? votre frère, votre ami?

En ce moment	mon père	travaille	au bureau
	ma mère	est	à la maison
	mon frère		à l'école
	mon ami		au magasin

Auf die Frage:
    Que fait-il/elle cet après-midi?
    Que faites-vous ce soir?
werden etwa folgende Antworten (als Stoffsammlung für die spätere Einführung des *futur simple*) zusammengetragen:

il	va	rester à la maison
elle	vais	se promener
je		jouer au balon
		nettoyer la voiture
		écrire une lettre
		lire un journal
		regarder la télé
		écouter la radio

II. Die folgende Frage-Antwort-Kette dient zur Einführung der neuen Verbalformen; dabei wird durch die erste Frage-Antwort-Gruppe erneut die Präsensform der Verben im Sprachbewußtsein der Schüler aktiviert und dieser dann die neue Futurform entgegengestellt.
Methodisch geht der erste Frage-Impuls (a), der die Verben des ersten Tafelbildes (*il va se promener etc.*) erneut anwendet, zunächst vom Lehrer aus; dann können an seine Stelle jedoch etwa zwei Schüler treten. Der zweite Frage-Impuls (b), der jeweils in der Fragestruktur die

neue Form enthält, bleibt in dieser Phase des Unterrichts jedoch eine Lehrerfrage.
a) L: Et votre père se repose en ce moment?
   S: Non, il ne se repose pas, il travaille.
b) L: Mais ce soir, il se reposera?
   S: Oui, il se reposera ce soir.
   (Wiederholung durch mehrere Schüler)
a) S: Ton frère se promène en ce moment?
   S: Mais non, il ne se promène pas, il travaille.
b) L: Mais cet après-midi, il se promènera?
   S: Oui, il se promènera cet après-midi.
   (Wiederholung)
a) S: Ta mère écrit une lettre en ce moment?
   S: Non, elle n'écrit pas, alle travaille.
b) L: Mais ce soir, elle écrira une lettre?
   S: Oui, ce soir, elle écrira.
   (Wiederholung)

An der aufgeklappten linken Hälfte der Tafel wird dann folgende Markierung für den *code oral* festgehalten:
   il/elle ———— Verb ————▶ /ra/
   3. Pers. Sing. Präs.

Dann folgt zur Einführung der Futurendung /re/ etwa folgende Frage-Antwort-Kette:
   L: Posez une question, et moi, je réponds.
   S: Vous écoutez la radio en ce moment?
   L: Non, en ce moment, je n'écoute pas, mais ce soir j'écouterai la radio.
   (Wiederholung des Satzes auf den Impuls hin: Et vous?)
   S: Vous regardez la télé en ce moment?
   L: Non, mais je regarderai ce soir. Et vous? (Wiederholung)

Anschließend wird das Tafelbild der Markierung ergänzt:
   je ————————▶ /re/
   il/elle ——————▶ /ra/

Zur parallelen Einführung von: *vous* — /re/ und *tu* — /ra/ folgende Übungsreihe:
   L: Ce soir, vous lirez un journal?
   S: Oui, je lirai un journal.
   L: Cet après-midi, vous resterez à la maison?
   S: Oui, je resterai à la maison.
   L: Tu te promèneras cet après-midi?
   S: Oui, je me promènerai.

L: Et tu liras un livre?
S: Oui, je lirai.

An der Tafel wird die Markierung entsprechend ergänzt [35]).

Zur Einführung von: *ils/elles* — /rõ/ werden Haftelemente (verschiedene Personen und Gegenstände) gruppiert:

L: Regardez. Ce soir M. et Mme Dupont | regarderont la télé
liront un livre
écouteront la radio

Nach jedem Satz als Impuls zur Wiederholung die Situation an der Tafel; dann Lehrerfrage:

L: Et vos parents?
S: Ils liront un livre ce soir.
S: Ils regarderont la télé. etc.

Anschließend kann die Markierung an der Tafel vervollständigt werden, wobei die Zuordnung: *nous* — /rõ/ vorgegeben wird und dann durch die Frage: *Et vous, que faites-vous ce soir?* gefestigt wird.

Die vollständige Markierung des *futur simple* im *code oral* würde dann wie folgt an der Tafel erscheinen:

je
vous ─────────────▶ /re/
tu   Verb
il/elle   3. P. Sing. Präs. ─▶ /ra/
nous
ils/elles ───────────▶ /rõ/

III. Zur Festigung dieser Verbalformen und ihrer Markierung im *code oral*, zugleich als Transferübung in anderem Situationsbezug, wird auf eine der im Lehrbuch vorangehenden Lektionen zurückgegriffen; als Beispiel sei hier diese Phase am Lehrwerk *Salut* entwickelt.

Das Futur I soll dort in Lektion 23 eingeführt werden; für den Rückgriff auf den bekannten Stoff einer bereits behandelten Lektion in der hier geplanten Transferphase bietet sich die Situation der Lektion 21 an: *A la station-service*. Dieser Stoff liegt noch nicht zu lange zurück; außerdem finden sich im Lektionstext eine Reihe von Verben, die unter die eingeführte Formel I der Futurableitung fallen:

appeler le garagiste
montrer le moteur
payer

---

[35]) Es ist auch möglich, die Zuordnung von *vous* — /re/ und *tu* — /ra/ unmittelbar zu ergänzen und sogleich mit einer Übungskette zu beginnen, die diese Zuordnung festigen soll.

vérifier la pression des pneus
enlever le couvercle
verser de l'huile
se nettoyer les mains

Um in dieser Unterrichtsphase für das Sammeln dieser Ausdrücke nicht zu viel Zeit zu verlieren, wird den Schülern ein Arbeitsblatt ausgeteilt, das die Wendungen bereits in der konjugierten Präsensform enthält, und zwar jeweils bezogen auf die handelnde Person:

Eric | appelle le garagiste
montre le moteur
téléphone à un ami
paye l'addition

le garagiste | arive
vérifie la pression
enlève le couvercle
verse de l'huile etc.

Die Sätze werden gelesen und damit die Verbalform des Präsens, die im System der Zeiten in Opposition zum *futur simple* steht, den Schülern erneut bewußt gemacht; zugleich könnte der situative Bezug der Ausdrücke durch die Projektion des Lektionsbildes erhöht werden [36]).

Als Impuls für die Umwandlung ins *futur simple* dient folgende Äußerung [37]):

Eric continue son voyage. Demain il arrivera à une autre station-service. Que fera-t-il? Et le garagiste?

Die Markierungen /re/ und /rõ/ können durch zwei weitere Impulse erreicht werden:

— Un jour, vous arriverez à une station-service.
— A la station-service, il y a deux garagistes; que feront-ils?

IV. Die Übertragung des Markierungssystems in den *code écrit* erfolgt ebenfalls an Hand des Arbeitsblattes. An der Tafel wird die erarbeitete Übersicht der Markierung im *code oral* wie folgt durch die Schriftformen des *code écrit* ergänzt:

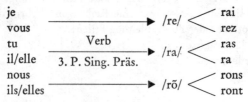

---

36) Es ist in diesem Zusammenhang zu bedauern, daß der *Salut* bisher die Lektionsbilder nur für die ersten Lektionen als Wandbilder liefert.

Dabei sollte durch einen entsprechenden Hinweis (*Nous voulons écrire ces formes*) für den Schüler klargestellt werden, daß es jetzt um die Übertragung der gesprochenen Form in ein anderes System (das der graphischen Zeichen) geht. Die Aufgabe der Schüler ist es dann, im Arbeitsblatt hinter die Präsensformen die neuen Futurformen zu schreiben, indem die Endung des *code écrit* an das Schriftbild der Präsensform (3. P. Sing.) angehängt wird.

Da diese schriftliche Übung für die Gruppe der Verben auf -*er* (alle genannten Verben der Situation «*station-service*» gehören dazu) vom Schüler ohne Schwierigkeiten zu vollziehen ist, zur Formel I jedoch auch die Verben auf -*ir (/i/ — /is/)* und die Verben *lire, dire, écrire* u. a. gehören, müßte das Arbeitsblatt als Hausaufgabe einen Lückentext aufweisen, der sich auf diese Verben bezieht. Diese Hausaufgabe ist am Ende der Stunde durch ein Beispiel an der Tafel vom Lehrer vorzubereiten:

    il finit ⟶ il finira
    il dit ⟶ il dira
    il écrit ⟶ il écrira

Als weitere Möglichkeit könnte das Arbeitsblatt auch einen Text mit den bereits ausgeschriebenen Futurformen dieser Verben enthalten. Aufgabe der Schüler wäre es dann, diese Formen zu Hause herauszuschreiben, in einer Aufstellung den Präsensformen der 3. Pers. Sing. gegenüberzustellen und die für die Übertragung in den *code écrit* notwendige Streichung des -*t* zu erkennen.

---

37) Die Sonderform *fera* kann dabei ohne weiteres benutzt werden; das globale Verständnis des Impulses ist durch die strukturgleiche Futurendung abgesichert.

III. MARKIERUNGSSTRUKTUREN IM SATZ

Am Beispiel des *futur simple* sollte in den vorangehenden Kapiteln aufgezeigt werden, daß eine vom *code oral* ausgehende linguistische Analyse konsequent bis in die Lehrwerkgestaltung weitergeführt werden müßte und daß auch im Unterricht die Strukturen des *code oral* dem Schüler als primäres System der Sprache bewußt gemacht werden sollten, bevor die Übertragung in den *code écrit* vorgenommen werden kann. Diese Auffassung hat Auswirkungen besonders auf die didaktische Aufbereitung des jeweiligen grammatischen Lehrstoffes: *code oral* und *code écrit* dürfen nicht nur in der Einführungsphase berücksichtigt, sie sollten auch in jeder Grammatik in gleicher Weise parallel analysiert und dargeboten werden.

Wenn im folgenden von zwei weiteren Bereichen die Rede sein wird, in denen die gleichzeitige Berücksichtigung von *code oral* und *code écrit* notwendig ist, so gilt für sie in besonderem Maße die Feststellung Sauvageots: *Un Français cultivé ... ne sait pas rendre compte, et encore moins se rendre compte à lui-même, de ce qu'il fait lorsqu'il parle ou lorsqu'il écrit ... On peut avancer sans crainte d'être démenti par l'événement que le Français n'a pas la moindre idée de la structure et du fonctionnement de la langue*[1]. In bezug auf die Genus- und Pluralmarkierung im Satz wird — so stellt Sauvageot fest — auch weiterhin ein in der Orthographie konserviertes System von Endungen an den Schulen gelehrt, obwohl es für die *langue parlée* längst von einer anderen Markierungsstruktur abgelöst wurde [2]. Diese Feststellung gilt in gleicher Weise für unseren Französischunterricht, der auch hier zu einseitig vom *code écrit* ausgeht.

Obwohl die linguistische Forschung schon seit einigen Jahren die unterschiedlichen Strukturen der *morphologie orale* erarbeitet hat, blieben die Lehrwerke in ihrem Regelkanon dem an der Graphie orientierten Darstellungsprinzip verhaftet; und wenn ein Verweis auf den *code oral* auftaucht, dann wird er in Anmerkungen gesetzt. Eine parallele Darstellung beider Systeme *oral-écrit* sucht man vergebens.

---

1) A. Sauvageot, *Français écrit, français parlé*, p. 7.
2) id. p. 80/81.

1. Genusmarkierung beim Adjektiv

In der an unseren Schulen verbreiteten Grammatik von Klein/Strohmeyer heißt es lapidar zur Bildung der weiblichen Form des Adjektives: «Das normale Kennzeichen des Femininums ist -e: *joli* — *jolie*, *grand* — *grande*, *plein* — *pleine*, *demi* — *demie*.[3])» Bezeichnend ist hier die Verwendung des Wortes «normal»; denn was soll für den Schüler dagegen als «anormal» erscheinen: die in den folgenden Paragraphen zusammengestellten Adjektive mit Verdoppelung des Endkonsonanten (*cruel, cruelle*), mit Veränderung des Endvokals (*léger, légère*) oder des Endkonsonanten (*vif, vive*); wohl kaum, denn es findet sich in der Schrift jenes von der Regel genannte -e der Femininbildung. Also vielleicht die Aussprache, die dieser Erklärung nicht parallel verläuft? Obwohl ein weiterer Hinweis fehlt, liegt diese Deutung nahe; denn der Grammatik von Klein/Strohmeyer ist ein Blick auf den *code oral* nicht völlig fremd, wie die Darstellung der Pluralbildung zeigt [4]). Warum wurde hier eine entsprechende Erklärung der Markierung im *code oral* nicht aufgenommen? Die Darstellung erweist sich als uneinheitlich, wenn man Pluralbildung und Femininbildung der Adjektive vergleicht.

Die hier einseitig am *code écrit* ausgerichtete Formulierung findet sich in den Lehrwerken *Etudes Françaises* (Ausgabe C und B) wieder. Eine in Klammern angefügte Bemerkung scheint hier auf den oralen Kode zu verweisen: «Das Femininum unterscheidet sich oft in der Aussprache! [5])» Diese sehr vage Feststellung wird jedoch in keiner Weise näher erläutert bzw. auf eine im *code oral* andere Markierungsstruktur bezogen. Vielmehr wird die schriftliche Form des Maskulinums als Ausgangspunkt genommen und auf die orale Morphologie nur indirekt im Nachsatz verwiesen. Diese Tendenz wird in der Darstellung des Lehrwerks *La Vie Française* (Ausgabe A) besonders deutlich. Der auch hier wiederkehrenden Feststellung, daß die weibliche Form durch Anhängen von -e gebildet werde, folgt der Zusatz: «Beachte die unterschiedliche Aussprache: *grand* — *grande*, *petit* — *petite* etc.[6])» Hier wird die Schrift als primäres und die Aussprache als sekundäres Sprachsystem betrachtet, der *code oral* dem *code écrit* nachgeordnet, ohne daß dem Schüler die

---

3) Klein/Strohmeyer, op. cit. p. 122, § 190.
4) Wir kommen auf dieses Kapitel im folgenden zurück.
5) *Etudes Françaises*, Ausgabe C, Grammatisches Beiheft, p. 11; Ausgabe B, p. 12.
6) *La Vie Française*, Ausgabe A, Grammatisches Beiheft, p. 16. In der Ausgabe B fehlt dieser zusätzliche Verweis (Grammatisches Beiheft, p. 12).

für die mündliche Kommunikation zu allererst notwendige Markierungsopposition /—/ — /d/, /—/ — /t/ in ihrer Funktion bewußt werden kann.

In der Formulierung adäquater, aber immer noch unvollständig stellt das Lehrwerk *Salut* dieses Problem dar. Es heißt dort: «Das schriftliche Zeichen für die weibliche Form ist allgemein die Endung -*e*.[7])» Die notwendige Erklärung der oralen Markierung fehlt jedoch ganz.

Lernt jedoch der Schüler primär und oft allein die Ableitung nach dem *code écrit*, so wird ihm ständig die Präsenz des -*e* bewußt sein, auch wenn er spricht. Zugleich kann es zur Difformierung der Aussprache kommen, da er nur zu leicht geneigt ist, dieses -*e* auch zu sprechen; also /pətitə/ statt /pətit/ zu sagen. Hier sollte man sich an die Aussage von A. Rigault erinnern: *Or, en français parlé, le féminin n'est jamais marqué par la présence d'un -e muet (ou d'aucune autre voyelle) à la fin des mots.* [8]), und die didaktische Aufbereitung des Stoffes entsprechend anordnen.

Für Rigault ist das Femininum im *code oral* meist markiert durch die Opposition: *finale vocalique* — *finale consonantique*; oder: *absence de consonne* — *présence d'une consonne* [9]).

/pətit/ — /pəti/   petite — petit
/kõplɛt/ — /kõplɛ/   complète — complet
/plat/ — /pla/   plate — plat

Bereits J. Dubois hat im ersten Band seiner *Grammaire structurale du français* nach gleichen Prinzipien analysiert [10]). Jedoch hat A. Rigault eine für den Unterricht entscheidende Umstellung vorgenommen: seine Beispiele sind so angeordnet, daß zunächst die feminine Form (*final consonantique*) genannt wird und dann erst die maskuline Form folgt. Seine Darstellung geht also von der Opposition *présence d'une consonne — absence de consonne* aus; oder in der Formulierung von Jean Dubois:

---

7) *Salut*, Grammatisches Beiheft, p. 10. Auch das Lehrwerk *Voici* kommt über eine Gegenüberstellung von Schrift und Aussprache nicht hinaus (*Voici*, p. 57). Im *Guide Nouveau* dagegen findet sich nur die Ableitungsregel nach dem *code écrit* (Grammat. Beiheft, p. 19); ebenso in *Weltsprache Französisch* (Grammat. Beiheft, p. 21).

8) A. Rigault, *Les marques du genre*, in: LFM 57/1968, pp. 37—43; Zitat p. 39.

9) id. p. 40 ss.

10) J. Dubois, *Grammaire structurale du français, nom et pronom*, Paris 1965, p. 69 ss.

cas marqué — cas non marqué [11]). Rigault hat seine Anordnung, die historischen und etymologischen Gesichtspunkten der Sprachentwicklung bewußt entgegenläuft, mit folgenden didaktischen Argumenten gerechtfertigt [12]:
1. En partant de la forme du féminin..., on apprend aux élèves non seulement à obtenir la forme orale masculine par élimination de la consonne finale de la forme orale féminine, mais également à écrire correctement la forme graphique du masculin. En effet, la consonne qui disparaît de la prononciation se maintient dans la graphie.
2. On apprend également quelle consonne forme liaison lorsque la forme orale du masculin se trouve devant un mot à initiale vocalique: /pətiʃa/ — petit chat, /pətitwazo/ — petit oiseau.

M. Csécsy vertritt die gleiche Meinung; auch sie möchte gerade im Blick auf den Fremdsprachenunterricht vom *terme marqué*, also von der weiblichen Form ausgehen und hebt vor allem folgendes Argument hervor: da die jeweiligen Oppositionen zur Markierung Feminin-Maskulin variieren (/t/ — /—/ in: *plate — plat*; /d/ — /—/ in: *sourde — sourd*; /ʃ/ — /—/ in: *blanche — blanc*; /s/ — /—/ in: *grosse — gros*) bedeutet es für den Schüler eine Erleichterung, vom *cas marqué* auszugehen, da durch Reduktion die männliche Form stets abgeleitet werden kann, während umgekehrt die männliche Form dies nicht erlaubt [13]).

Dieser breit vorgetragenen Aufforderung, die Veränderung des Adjektivs so darzulegen, daß sie primär der Markierungsstruktur des *code oral* Rechnung trägt und aus didaktischen Gründen mit dem *cas marqué* beginnt, folgt bisher allein das neue Lehrwerk *Etudes Françaises, Cours de base I*. Die Adjektive werden zunächst mit der weiblichen Form eingeführt, und auch die Opposition *présence d'une consonne — absence de consonne* wird aufgenommen [14]). Mit Recht weisen die Lehrerhinweise außerdem darauf hin, daß in einer am *code orale* orientierten Darbietung Adjektivformen, die bisher dem Schüler als unregelmäßige Bildungen bewußt — da vom *code écrit* her eingeführt — wurden, sich jetzt

---

11) J. Dubois, *Grammaire distributionnelle*, in: Langue Française 1/1969, p. 46: *Dans une conception où tout est ramené à l'opposition présence/absence on introduit le concept de cas marqué; ce dernier se signalera dans un tel type d'opposition par la présence d'un trait qualifié de marque.*
12) A. Rigault, op. cit. p. 43.
13) M. Csécsy, *Grammaire française et enseignement du français aux étrangers*, in: Langue Française 8/1970, p. 102. Vgl. hierzu auch: A. Sauvageot, *Analyse du français parlé*, Paris 1972, p. 69.
14) *Etudes Françaises, Cours de base I*, (Klett) 1972; vgl. Schülerbuch, p. 51 und Lehrerhinweise, p. 9.

in das System eingliedern: z. B. /blɑ̃ʃ/ — /blɑ̃/. Eine weitere Möglichkeit also, zuerst das Markierungssystem des *code oral* als in sich kohärenter darzulegen, um dann die Übertragung ins andere System des *code écrit* vorzunehmen. Und auch und gerade in einer Schulgrammatik kann so die Darstellung vom Makel ihrer Ausnahmen möglichst befreit werden. Zugleich müßte im Bereich der Adjektive noch eine weitere, dem Schüler als schwierige Ausnahme vorgestellte Gruppe neu dargeboten werden: die Adjektive mit zweifacher männlicher Form, z. B. *beau — bel — belle*.

Die Sprachlehre von Klein/Strohmeyer gibt allein eine aus diachronischer Analyse übernommene Erklärung für dieses Phänomen: «Bei einigen Adjektiven hat sich eine alte männliche Form auf -l erhalten vor Substantiven, die mit Vokal oder stummen *h* beginnen.[15]» Es ist jedoch zweifelhaft, ob dieser historische Verweis es dem Schüler ermöglicht, die Formen ins Sprachsystem zu integrieren. Die Darstellung ist eher dazu angelegt, diese Formen für immer als Ausnahmen zu brandmarken, zu isolieren und so ein Strukturbewußtsein zu blockieren.

Geht man dagegen vom *code oral* aus, kann — wie A. Rigault gezeigt hat — dieser Nachteil vermieden werden [16]:

/bɛl/ — /bo/: une belle femme, un bel oiseau — un beau garçon

/nuvɛl/ — /nuvo/: une nouvelle robe, un nouvel appartement — un nouveau logement

/vjɛj/ — /vjø/: une vieille habitude, un vieil ami — un vieux monsieur

Die Adjektive weisen im *code oral* nur zwei Formen auf; vor maskulinen Substantiven mit Vokalbeginn wird die Genusopposition neutralisiert. Hierin jedoch folgt diese Gruppe einem allgemeinen Strukturprinzip, das gilt, sobald ein Adjektiv vorangestellt werden kann:

/pətit/ — /pəti/: une petite fille, un petit enfant — un petit garçon

/mɔvɛz/ — /mɔvɛ/: une mauvaise année, un mauvais exemple — un mauvais garçon

/prəmjɛr/ — /prəmje/: la première fois, le premier étage — le premier coin

Der Ausnahmecharakter der Adjektivgruppe *beau-bel-belle* ist also im *code oral* nicht aufrechtzuerhalten; er reduziert sich auf eine Sonder-

---

15) Klein/Strohmeyer, op. cit. p. 124.
16) A. Rigault, op. cit. p. 41. Vgl. ebenso: M. Csécsy, in: *Langue Française* 8/1970, p. 104.

graphie im sekundären *code écrit*. Bei der Einführung dieser Adjektive sollte daher zuerst die Kohärenz des oralen Systems vom Schüler erkannt und die Formen sollten integriert werden, bevor in das schriftliche System übertragen wird [17]).

Kommen wir nun noch auf die Einteilung der so aus dem *code oral* dargestellten Adjektivformen und damit zugleich auf die Reihenfolge der Einführung im Unterricht zu sprechen. Eine Einteilung nach Merkmalen des *code écrit* (z. B. Verdoppelung des Endkonsonanten: *cruel — cruelle, muet — muette*; oder ohne Verdoppelung: *civil — civile, idiot — idiote*) ist nicht länger gerechtfertigt, denn hier werden allein graphische Unterschiede berücksichtigt; zudem entstehen Gruppen, die nach der Markierungsstruktur des *code oral* gerade unterschieden werden müssen. In den zitierten Beispielen sollten so *cruelle — cruel* und *civile — civil* gruppiert werden: sie weisen keine hörbare Markierung auf; dagegen *muette — muet* und *idiote — idiot*: sie markieren durch die Opposition /t/ — /—/.

Peytard/Genouvrier haben in ihrem Einteilungsvorschlag zunächst die Gruppe ohne orale Markierung genannt [18]); dabei gliedern sie erneut wie folgt:

1. Gruppe: a) invariable dans le code écrit et oral (large, triste, capable etc.)
   b) invariable dans le code oral, variable dans le code écrit (clair,e — noir,e etc.)

Dann folgen die Adjektive mit oraler Markierung:

2. Gruppe: a) opposition: consonne finale — zéro (verte — vert, grande — grand)
   b) Opposition: consonne finale — zéro (+ changement de voyelle)
   (légère — léger, ancienne — ancien)

Eine ähnliche Einteilung findet sich ebenso bei A. Rigault; sie wird dort noch durch eine weitere Gruppe ergänzt [19]): *opposition de 2 consonnes (vive — vif, neuve — neuf etc.)*. Diese Einteilung auch als Reihenfolge bei der Einführung zu übernehmen, scheint jedoch nicht vorteilhaft. Hier sollten vielmehr zunächst die Adjektive mit oraler Markierung (Grup-

---

[17] Wenn von Sonderformen gesprochen werden kann, dann eher bei den Adjektiven *grand — gros*, die im *code oral* drei Formen aufweisen: *une grande fille* /grãd/, *un grand enfant* /grãt/, *un grand garçon* /grã/. Vgl. hierzu: M. Csécsy, in: *Langue Française* 8/1970, p. 104.

[18] J. Peytard/E. Genouvrier, *Linguistique et enseignement du français*, Paris 1970, p. 20 ss.

[19] A. Rigault, op. cit. p. 40 s.

pe 2a) aufgenommen werden, dann diejenigen der Gruppe 2b; dann die Gruppe 1b und 1a. Auch in diesem Punkt ist von unserer Analyse her gesehen die Darstellung im *Cours de base I* zu unterstützen, die dem Prinzip der Maximalopposition Rechnung trägt und den *cas marqué* nach dem *code oral* zuerst einführen will [20]).

2. Pluralmarkieung

In bezug auf den Plural der Substantive ist — geht man auch hier von der Markierungsstruktur des *code oral* aus — jene Erkenntnis an den Anfang jeder didaktischen Überlegung zu setzen, die von verschiedenen Linguisten wiederholt erarbeitet wurde: die lexikalischen Elemente /pɔ̃/ — /mɛr/ — /bato/ sind unveränderlich; ihre nähere Determinierung in der sprachlichen Äußerung erfahren diese Lexeme erst durch ein jeweils vorangestelltes grammatisches Element, dessen Form veränderlich ist: /la/ — /lə/ — /l/ — /le/ — /ma/ — /mɔ̃/ — /me/ etc.
M. Csécsy kommt daher zu dem Schluß: *L'expression du nombre repose exclusivement sur l'élément grammatical qui le (le nom) précède* [21]). Dieses grundlegende Prinzip der numeralen Unveränderlichkeit der Substantive muß auch dem Schüler dargestellt werden, damit er zum Verständnis einer mündlichen Kommunikation seine ganze Aufmerksamkeit den phonologisch relevanten Oppositionen der Prädetermination schenken kann. Die verhältnismäßig kleine Gruppe der Nomen, die in ihrem lexikalischen Element den Plural markiert (*travail — travaux*), fallen demgegenüber nicht ins Gewicht [22]). Die Notwendigkeit, den Plural allein in den vorangestellten Determinanten erkennen zu lernen, besteht nun vor allem für Schüler, die in ihrem muttersprachlichen System andere Markierungsstrukturen des Plurals gewohnt sind. Ziehen wir kurz die deutschen Artikel und Pronomen zum Vergleich heran:

---

20) *Etudes Françaises, Cours de base I*, Lehrerhinweise, p. 9.
21) M. Csécsy, *Les marques orales du nombre*, in: *LFM* 57/1968, pp. 43—48; Zitat p. 44. Vgl. dazu von derselben Verfasserin den bereits zitierten Aufsatz in: *Langue Française* 8/1970, pp. 98—106. Ebenso: J. Dubois, *Grammaire structurale du français, nom et pronom*, pp. 17—52; A. Sauvageot, *Français écrit, français parlé*, pp. 72—81; und zuletzt: A. Sauvageot, *Analyse du Français parlé*, pp. 74—76.
22) M. Csécsy (in: *LFM* 1968, p. 46) nennt die Zahl von ca. 500 Substantiven dieser Gruppe gegenüber etwa 25 000 insgesamt.

französisch:	*deutsch:*
le/la — les /le/	der/die/das — die
mon/ma — mes /me/	mein/meine — meine
ce/cet/cette — ces /se/	diese/diese/dieses — diese

Während im Französischen die Formen /le/, /me/, /se/ stets eindeutig den Plural markieren, gilt dies für die entsprechenden Formen des Deutschen nicht; die — meine — diese können auf Genus oder Numerus verweisen. Die genaue Festlegung wird hier erst durch die Postdetermination erreicht: die Männer — die Frauen — die Kinder [23]).
Es geht im Unterricht also darum, den Schüler an das für den *code oral* andere System heranzuführen, ihm die für den Plural phonologisch relevanten Positionen im Satz von Beginn an bewußt zu machen, um zu verhindern, daß er gewohnheitsgemäß auf das Substantiv achtet, wenn er eine Pluralinformation vermutet. Und noch ein weiterer Gesichtspunkt kommt hinzu. Wird dem Schüler primär die Pluralmarkierung des *code oral* dargestellt (und nicht die allein dem *code écrit* verhaftete Regel: Man bildet den Plural durch Anhängen eines -s), so wird er die Bindung zwischen Determinant und Substantiv nicht länger als ein sekundäres Phänomen ansehen, das höchstens die besondere Intonation des französischen Satzes betrifft, sondern sie als notwendiges Element der Markierungsstruktur erkennen:
　(1) /lezãfã/ — /lezami/
　(2) /lœrzãfã/ — /lœrzami/
In (1) als redundante Markierung, in (2) jedoch als alleiniges Pluralzeichen gegenüber /lœrãfã/ — /lœrami/.
Zieht man nun die Darstellung der Pluralbildung in Schulgrammatiken und Lehrwerken heran, so stellt man fest, daß hier die Unterschiede zwischen Schrift und Aussprache durchaus in verschiedenen Fällen berücksichtigt werden; dennoch kann die Gesamtdarstellung meist nicht befriedigen.
Verweisen wir erneut auf Klein/Strohmeyer; in § 158 wird betont, daß das äußere Zeichen des Plurals ein -s sei, das wirklich gültige Zeichen jedoch der Artikel oder das Possessivpronomen, da das -s nicht mehr gesprochen werde. Die Gegenüberstellung «äußeres Zeichen — wirklich gültiges Zeichen» ist eindeutig, wenn auch die Erklärung besser mit der oralen Markierung beginnen sollte. Die Formulierung in § 159 kann jedoch erneut verwirren: «Das normale Zeichen für den Plural ist -s.»

---

23) Die für das Deutsche gegebenen Fälle werden im Plural dann durch das Zusammenspiel von Prä- und Postdetermination markiert: die Männer — der Männer — den Männern.

Denn weder ist dieses Graphem -s «normal», noch die Markierung im Artikel «anormal» — wie man analog folgern müßte. Hier fehlt die klare parallele Darstellung nach dem *code oral* und nach dem *code écrit*. Vielmehr wird das primäre orale System in § 158 mit einem Hinweis abgetan; die detaillierte Darlegung bleibt allein im schriftlichen System verhaftet. Dies beweist z. B. die Gruppe der Substantive in § 160: «Bildung des Plurals mit -x.» *Cheval — chevaux, journal — journaux, nouyau — nouyaux, tuyau — tuyaux* etc. werden nebeneinandergestellt, weil sie in der Graphie ein -x als Besonderheit aufweisen. Geht man von der *invariablité du nom* im *code oral* aus, so muß diese Gruppierung aufgegeben werden. *Nouyau — nouyaux, manteau — manteaux* und andere reihen sich dann in die Markierungsstruktur per Prädetermination ein; sie weisen jedoch im *code écrit* eine *curiosité orthographique* auf [24]). Eine Sondergruppe bilden nur *cheval — chevaux, journal — journaux*.

In den grammatischen Beiheften der Lehrwerke *Etudes Françaises* (Ausgabe B und C) fehlt jeder Hinweis auf die entscheidende Markierungsfunktion des Artikels. Optisch werden für den Schüler jeweils *les* und -s durch Fettdruck hervorgehoben und damit gleichgesetzt, als gehörten sie einem einzigen Markierungssystem an. Im neuen *Cours de base I* wird dagegen nur der Artikel im Druck betont, aber ein Hinweis fehlt auch hier, obwohl das Lehrwerk «den Bedürfnissen des *code oral* Rechnung tragen» will [25]).

Die hier benannte undifferenzierte Druckhervorhebung gilt auch für *Voici*. Bezeichnend ist dabei die Übungsaufgabe, die das Lehrwerk vorschlägt:

   Voilà ... élève.
   Voilà ... fille.
   Voilà ... fenêtres.
   Voilà ... rideaux. etc.

Der Schüler soll in dieser Übung den entsprechenden Artikel in Singular- oder Pluralform einsetzen; durch die Anordnung des Lückentextes wird er jedoch gezwungen, allein auf das in der Graphie vorhandene Pluralzeichen des Substantivs zu achten und dann die Prädetermination nachzuholen. Die eigentliche Pluralmarkierung durch /le/ kann so nicht in seinem Sprachbewußtsein verankert werden [26]).

---

24) Vgl. *Grammaire Larousse du Français contemporain*, § 257, p. 172.
25) *Cours de base I*, Lehrerhinweise p. 7, Schülerbuch p. 19.
26) *Voici*, pp. 14—15. Das Lehrwerk *Guide Nouveau* bleibt ebenfalls bei der traditionellen Regel (Grammat. Beiheft, p. 16); ebenso *Weltsprache Französisch* (Grammat. Beiheft, p. 9).

Das Lehrwerk *Salut* seinerseits beschreibt genau die Markierung im *code écrit*, wobei auf den *code oral* nur in kurzen Bemerkungen verwiesen wird (unhörbar — hörbar). Interessant und wichtig ist jedoch sein Versuch, den Plural als Phänomen des Satzes deutlich zu machen, da er sich im angehängten *-s* des Substantivs, in der Pluralform des Artikels (*les*) und auch in der Verbform ausdrücke (*c'est, ce sont*) [27].

Die Ausgaben A und B von *La Vie Française* bringen zwar den Hinweis auf den Artikel als Kennzeichen des Plurals in der gesprochenen Sprache; in anderen Formulierungen erscheinen sie jedoch erneut verwirrend. Ausgabe A spricht z. B. davon, daß der Plural gebildet werde durch «Anhängen eines meist nicht hörbaren *-s* an den Singular.[28])» Dieses *-s* ist aber ein graphisches Zeichen, denn die Bindung (z. B. in: /legarsõzelefij/ — les garcons et les filles) existiert im Umgangsfranzösisch nicht; auch die Sonderfälle (z. B. /põzeʃose/ — ponts et chaussées) rechtfertigen diese Formulierung (meist!) nicht.

Um die letzlich unbefriedigende Darstellung der Pluralmarkierung in Lehrwerken neu zu gestalten, muß einer weiteren Erkenntnis Rechnung getragen werden; wir fanden sie bereits im *Salut* berücksichtigt, jedoch nur auf den *code écrit* bezogen.

J. Dubois hat nach eingehender Analyse der Markierungsdistributionen im französischen Satz seine Ergebnisse wie folgt zusammengefaßt: *La variation singulier/pluriel n'est finalement pas celle d'un élément, mais celle de la phrase et du syntagme, même si la décision (le choix) sur le plan sémantique a porté sur un des éléments du message* [29]). Für Dubois ist die Pluralmarkierung eine zur Informationsübermittlung notwendige *marque redondante*, die den ganzen Satz betrifft:

	oral:			écrit:		
les portes claquent	x	—	—	x	x	x
les garçons dorment	x	—	x	x	x	x
leurs travaux finissent	—	x	x	x	x	x

An Hand solcher Gegenüberstellungen, wie sie hier nur skizziert werden können, kommt Dubois zu den Schlußfolgerungen:
1. Die Anzahl der Markierungen ist im *code oral* fast immer geringer, nie höher als im *code écrit*.

---

27) *Salut*, Grammat. Beiheft, pp. 1—2. Auf den hier angesprochenen Aspekt kommen wir im folgenden noch zurück.
28) Ausgabe A, Grammat. Beiheft, p. 11.
29) J. Dubois, *Grammaire structurale du français, nom et pronom*, p. 22; zum folgenden insgesamt das Kapitel: *Le Nombre*, pp. 17—51.

2. Im ersten Segment (d. h. im *déterminant*) liegt in den meisten Fällen eine Markierung (*probabilité très grande*); im zweiten Segment (Substantiv) nur in den geringen Fällen einer eigenen hörbaren Pluralform (*probabilité faible*); dagegen wieder häufiger im dritten Segment (Verbform).
Für die Pluralinformation sind also im Artikel und in der Verbform die relevanten Stellen im Satz zu sehen.
In den Verbformen wird diese Markierung nun erneut — wie bereits bei der Genusmarkierung des Adjektivs — durch die Opposition *présence d'une consonne — absence de consonne* erreicht:

/ilfinis/ — /ilfini/   ils finissent — il finit
/ildəsãd/ — /ildəsã/   ils descendent — il descend
/ildɔrm/ — /ildɔr/   ils dorment — il dort
/ilsɔrt/ — /ilsɔr/   ils sortent — il sort

Der *cas marqué* kann als die Pluralform angesehen werden; und auch hier gilt, daß per Reduktion — wie beim Adjektiv — die Singularform abgeleitet werden kann.
Für die Verben auf -*er* liegt eine Neutralisierung der Markierung vor:

/ildɔn/   ils donnent — il donne
/ilmarʃ/   ils marchent — il marche

Sie wird dagegen in Verben mit Vokalbeginn oder stummen *h* durch die Bindung ersetzt:

/ilzariv/ — /ilariv/   ils arrivent — il arrive
/ilzabit/ — /ilabit/   ils habitent — il habite

Eine innerhalb der Verbform redundante Markierung liegt in folgenden Verben vor:

/ilzatãd/ — /ilatã/   ils attendent — il attend
/ilzatmɛt/ — /ilatmɛ/   ils admettent — il admet

Hier wird der Plural jeweils in der Bindung und durch die Opposition /d/ — /—/ bzw. /t/ — /—/ markiert.
Eine eigene Gruppe bilden dagegen die sehr frequenzhohen Verben *avoir, être, faire, aller*:

/ilzõ/ — /ila/   ils ont — il a
/ilsõ/ — /ilɛ/   ilso sont — il est
/ilfõ/ — /ilfɛ/   ils font — il fait
/ilvõ/ — /ilva/   ils vont — il va

Die didaktische und methodische Relevanz dieser Überlegungen zur Pluralmarkierung erweist sich nun als besonders dringend, wenn man bedenkt, daß das grammatische Phänomen Singular/Plural in den Lehrwerken bereits zum Stoff des unmittelbaren Anfangsunterrichts gehört.

In den ersten Lektionen wird das neue Vokabular meist in folgenden Wendungen dargeboten:

    Voilà une/un/des...,   voilà le/la/les...;
    C'est un/une/la/le...;   ce sont les/des...

Für die Einführung der jeweiligen Pluralform würde sich nun folgendes Tafelbild zur Bewußtmachung der Markierungsstruktur im Satz anbieten [30]):

Voilà la rue de Rivoli.	Voilà	les	rue<u>s</u> de Paris.
/la/		/le/	
C'est la rue de Rivoli.	Ce sont	les	rue<u>s</u> de Paris.
Voilà le pont Alexandre.	Voilà	les	pont<u>s</u> de Paris.
/lə/		/le/	
C'est le pont Alexandre.	Ce sont	les	pont<u>s</u> de Paris.

Optisch sollten für den Schüler vor allem die Positionen «Artikel» und «Verbform» als Markierungen des Plurals hervorgehoben werden; in der Position «Substantiv» sollte das Graphem -s dagegen zurücktreten und visuell auch anders gekennzeichnet sein (hier nur durch Unterstreichung). Im grammatischen Beiheft müßte dann etwa folgende Formulierung aufgenommen werden: Im gesprochenen Französisch (*code oral*) wird der Plural durch den Artikel (Oppositionen: /lə/ — /le/, /la/ — /le/) markiert; zusätzlich meist auch durch die Verbform (*c'est — ce sont*); im Schriftbild (*code écrit*) wird an das Substantiv ein -s angehängt.

Sobald in einer der folgenden Lektionen die Verben der Konjugation -*er*, -*re*, -*ir* hinzukommen, sollte für die Einführung diese Reihenfolge eingehalten werden:

1. Verben mit redundanter Markierung innerhalb der konjugierten Form: z. B. *ils attendent*.
2. Verben mit einmaliger Markierung in der konjugierten Form: *ils sortent, ils partent, ils finissent, ils descendent* etc.
3. Verben ohne Markierung in der konjugierten Form: *ils donnent, ils montrent* etc.

Für die zuletzt genannte Gruppe der zahlreichen Verben auf -*er* muß dem Schüler dabei um so deutlicher die alleinige Markierung über den

---

30) Als Beispiel sei der Themenkreis aus *Salut*, Lektion II, herangezogen.

Artikel bewußt gemacht werden, sobald in der Aussage ein Substantiv an die Stelle des Pronomens tritt:
: (1) Les touristes regardent les bouquinistes.
: (2) Les bouquinistes montrent des photos.

Die hier skizzierte Reihenfolge wurde bereits von A. Valdmann vorgeschlagen [31]); zum erstenmal wird ihr im Lehrwerk *Cours de base I* jetzt Rechnung getragen [32]). Jedoch sollte — anders als es hier geschieht — das Erlernen der wichtigen oralen Oppositionen (z. B. /d/ — /—/, /t/ — /—/ etc.) nicht in verschiedenen Lektionen behandelt werden. Für die hier angesprochenen Verben bildet die 3. Person Plural den *cas marqué*; es bietet sich also eine Einführung analog zur Genusmarkierung der Adjektive an: ausgehend von der Pluralinformation (*les voitures attendent devant le feu rouge*) per Reduktion zur Singularinformation (*la voiture de Jean attend aussi*). Diese reduzierte Verbform /atã/ kann dann als im *code oral* für die drei Personen des Singular verfügbar dargestellt werden, wobei nun die orale Markierung allein durch das vorangestellte Pronomen erreicht wird:

: ils/elles attendent — il/elle atend
: /ilzatãd/ /atã/
: j'attends
: tu attends

Auch die Form: *on attend* (in der Bedeutung: *nous attendons*) sollte hier für den Dialogteil der Lektion eingeführt werden. In einem Kurs, der den *code oral* und damit die gesprochene Sprache in den Mittelpunkt seines Lehrprogramms stellt, ist dieser Gebrauch nicht länger als zu vermeidende Vulgärform anzusehen [33]).

Den Ausführungen mag man nun insgesamt entgegenhalten, eine konsequente Gegenüberstellung der beiden Kodesysteme (*oral — écrit*) erbringe keine Erleichterung des Lernvorgangs. Jedoch die Struktur des Französischen zwingt zu diesem Vorgehen, will man den Schüler nicht in der falschen und für das Verständnis einer Nachricht verhängnisvollen Illusion belassen, das graphische Bild des Französischen stelle bereits das

---

31) A. Valdmann, *La progression pédagogique dans les exercices structuraux*, in: *LFM* 41/1966, p. 22 ss.
32) *Cours de base I*, Lektion 7.
33) Vgl. J. Dubois, *Grammaire structurale du français I*, p. 112 ss.: *En raison de la fonction que nous venons de dégager,* ‹on› *doit être intégré aux pronoms personnels*. Dabei sieht Dubois im Satz: *On ira aux sports d'hiver, mon frère et moi* eine Substitution *sans valeur stilistique*; im Gegensatz zu: *On est encore en retard ce matin* (on = *vous*).

System der Sprache als primär oralem Informationsträger schlüssig dar. Wird die Sprechfähigkeit als oberstes Lernziel dieser Stufe formuliert — und darüber gibt es heute wohl kaum mehr eine Meinungsverschiedenheit —, müssen der Unterricht und damit auch die Darstellung und Aufbereitung des Stoffes im Lehrwerk den hier genannten Weg gehen.

Bibliographie (Auswahl)

Barrera-Vidal, A.: *Futur proche ou futur composé,* in *Praxis* 4/1966, 355-358 und *Praxis* 1/1967, 39-43

Barrera-Vidal, A.: *Observations sur le système des formes verbales personnelles dans la phrase simple,* in: *Praxis* 1970, 251-270

Csécsy, M.: *De la linguistique* à *la pédagogie: le verbe français,* Paris 1968 (Coll. Le français dans le monde)

Csécsy, M.: *Les marques orales du nombre,* in: *Le Français dans le monde* 57/1968, 43-48

Csécsy, M.: *Grammaire française et enseignement du français aux étrangers,* in: *Langue Française* 8/1970, 98-105

Dubois, J.: *Grammaire structurale du français,* Bd. I, II, Paris 1965/1968

Dubois, J. : *Grammaire distributionnelle,* in: *Langue Française* 1/1969, 41-48

Gougenheim, G. / Michéa, R. / Rivenc, P. / Sauvageot, A.: *L'Elaboration du Français Fondamental,* Paris 1967

Grammaire Larousse du Français contemprain (Hrsg.: Chevalier, J. G. / Blanche-Benveniste, C. / Arrivé, M. / Peytard, J.), Paris 1964

Grève, M. de / Passel, F. van: *Linguistique et enseignement des langues étrangères,* Brüssel / Paris 1968

Gross, M.: *Grammaire transformationnelle et enseignement du français,* in: *Langue Française* 11/1971, 4-14

Gross, M.: *Grammaire tranformationnelle du français,* Paris 1968

Guiraud, P.: *Langage et théorie de la communication,* in: A. Martinet (Hrsg.), *Langage,* Encyclopédie de la Pleiade, 145-168

Martinet, A.: *Le Français sans fard,* Paris 1969 (Coll. SUP)

Martinet, A.: *Langue parlée et code écrit,* in: Jeanne Martinet, *De la théorie linguistique* à *l'enseignement de la langue,* Paris 1972 (Coll. SUP), 77-87

Marty, F.: *Les formes du verbe en français parlé,* in: *Le Français dans le monde* 57/1968, 49-54

Muller, Ch.: *Code écrit et code parlé — les personnes verbales,* in: *Praxis* 1/1968, 257 ss.

Peytard, J.: *Oral et scriptural: deux ordres de situations et de description linguistique,* in: *Langue Française* 6/1970, 35-47

Peytard, J. / Genouvrier, E.: *Linguistique et enseignement du français,* Paris 1970

Rigault, A.: *Les marques du genre,* in: *Le Français dans le monde* 57/1968, 37-43

Sauvageot, A.: *Les procédés expressifs du français contemporain,* Paris 1957

Sauvageot, A.: *Français écrit, français parlé,* Paris 1962 (Coll. La langue vivante)

Sauvageot, A.: *Analyse du français parlé,* Paris 1972 (Coll. F)

Vinay, J. P.: *Enseignement et apprentissage d'une langue seconde,* in: A. Martinet (Hrsg.), *Langage,* Encyclopédie de la Pleiade, 716 ss.

DIESTERWEGS NEUSPRACHLICHE ARBEITSMITTEL

Französisch

Für Anfänger und weniger Fortgeschrittene:

Mots et Images	(6753)
Regardez – Racontez	(6721)
Images de France	(6761)
Lectures et Exercices	(6719)
Cours de Grammaire	(6756)
La Préposition dans la Phrase	(6754)
Cours de Stylistique	(6757)

Für Fortgeschrittene:

Französische Diktate	(6715)
Dictées et Versions	(6758)
Deutsch-Französisches Übersetzungsbuch für die Oberstufe	(6710)
Französische Nacherzählungen	(6716)
Französische Texte für die Oberstufe	(6720)
Französische Texte für die mündliche Reifeprüfung	(6718)
Übungen zum Vokabular des Französischen	(6717)
Observations et Perspectives	(6752)
L'Art de Conjuguer	(6771)

DIESTERWEG

DIESTERWEGS NEUSPRACHLICHE BIBLIOTHEK

Mittelschwere bis anspruchsvolle Texte: MD-Nr.

Contes et Nouvelles von G. de Maupassant	4010
Quatre Contes von P. Mérimée	4011
Conteurs de nos Jours	4016
Les Muets von A. Camus	4051
L'Ile aux Oiseaux de Fer von A. Dhôtel	4052
L'Allemagne jugée par la France	4053
Un certain Monsieur Blot von P. Daninos	4054
Mon Oncle von J.-C. Carrière	4056
La Recherche de l'Absolu von H. de Balzac	4060
La Potachologie von R. Goscinny	4064
Le petit Nicolas von Goscinny und Sempé	4068
Six Chevaux bleus von Y. Escoula	4070
Quatre Nouvelles von G. Simenon	4184
Les plus Belles Fables de La Fontaine	4186
Colomba von P. Mérimée	4189
Les Impertinentes Fables de Jean Anouilh	4190

Anspruchsvolle Texte:

Deux Contes von H. de Balzac	4013
Voltaire – Extraits de ses Œuvres	4019
Le Voyageur sans Bagage von J. Anouilh	4062
L'Etranger von A. Camus	4063
La Condition humaine von A. Malraux	4065
L'Écossais von J. Giono	4066
Zadig – Candide von Voltaire (Extraits)	4067
Mémoires d'Outre-Tombe von F. R. de Chateaubriand	4069
Auteurs néo-africains d'Expression française	4181
Eugénie Grandet von H. de Balzac (Extraits)	4185
Kean von J.-P. Sartre	4187
En attendant Godot von S. Beckett.	4188